ピンチをチャンスに変える運命法則

引き受け人間学 創始者
藤谷泰允 著

はじめに

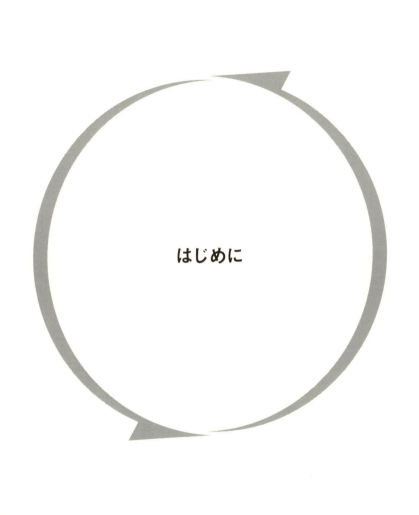

はじめに

～ようこそ！　ピンチをチャンスに変える運命法則「引き受け人間学」の世界へ！～

皆さま、こんにちは。

私は、１９８８年、36歳のときから、人生のピンチ（苦しみ）をどうやってチャンス（歓び）に変えるかをテーマに研究を続け、地元の長崎県を皮切りに、個人施療と引き受け氣功セミナーを開催してきました。２００５年あたりからは全国的な広がりを見せ、北海道から沖縄まで約８年、年間３３０日以上のセミナーを実施してきました。

その後も内容は進化を続け、また会員の皆さまから多くの不思議な体験報告をいただきました。それらをもとに、ようやくすべてを公開できることになりました。名称も、途中で「引き受け氣功」から「引き受け人間学」に変えました。

この完成した引き受け人間学を、２０１７年から世界に向けて発信してまいります。

引き受け人間学は「自他（世界）の苦しみを引き受けて、自他（世界）の歓びへと変革する生き方」、一言でいうと**「運命を暗転から光転させる実践哲学」**です。

三次元であるこの世には、病氣、不安、差別、生活苦、事件、事故、戦争、天変地異などなど……さまざまな「闇」が存在します。

これらがあるがゆえに、私たちの悩み、苦しみは尽きることがありません。

「ガンになってしまった。死ぬのが怖い……」

「うつ病にかかり、生きているのがつらい……」

「認知症の親の世話をしているが、毎日がしんどくて氣が狂いそうだ……」

「仕事がきつくてつらい……」

「給料が安くて生活が苦しい……」

「夫（妻）が暴力を振るう……」

「戦争や地球環境のことが心配でたまらない……」

こうした悩み、苦しみ、病氣……これらは「闇」です。人は皆、闇の中でもがき苦しんでいます。

この**闇を光転させる方法、それが「引き受け人間学」**です。

この世の苦悩は、すべて宇宙の法則に反すること＝「不調和」からきています。であれば、それを宇宙の法則＝「調和」に戻せばいいのです。

どのような現実（結果）もすべてに意味がある「約束の運命」であり、氣付きのためのメッセージを含んでいます。**まずは、何があっても「なるほど」と現実を受け止め、闇を引き受ける」ことが大切**なのです。**その後は人事を尽くして天命を待つ**のです。

引き受け人間学は、ピンチの「闇」を「悪」とはとらえません。闇は元々が光の影ですから、あるがままに受け止め引き受けさえすれば、チャンスの「光」になって返ってきます。

決して難しい学問ではありません。生活の中で簡単に実践できる、非常に具体的な理論と方法です。老若男女、どなたでもすぐに取り組んでいただけます。

引き受け人間学は、以下のような人にお勧めします。

- **病氣で苦しんでいる人**
- **お金の問題で悩んでいる人**
- **生きることが苦しい、つらいという人**
- **良き出会いがほしい人**

・人間関係で悩んでいる人
・人生をもっと明るくイキイキと楽しいものにしたい人
・自分も周りの人も幸せにしたい人
・日本をより良く、世界を平和にしたいと願う人
・地球を千年も万年も続く美しい星にしたい人
・自らを進化成長させ、本来の自分に還りたい人

私たちが生きるうえで直面する、ありとあらゆる悩みに対応できるといっていいと想います。引き受け人間学を学び実践すれば、あなたの人生はガラリと変わります。

まさに、**ピンチ「苦行」から、チャンス「楽行」への大転換**です。

引き受け人間学は、自他の運命を光転させると同時に、世界と地球を調和へと導く壮大なプロジェクトです。その一環として、本書では、秋田県で日米塾を経営しておられる平川夫妻のご協力により、一部を英語文にて記載しています（巻末）。また私自身、国際発信のために、昨年、鹿児島県のＩＢＳ外語学院に入学して英語にチャレンジしました。

読者の皆さまが、この本にご縁を持ってくださったことに感謝します。

第２章　［理論編］引き受け人間学とは何か

引き受け人間学〈9つの基本姿勢〉 58

第3章 ［実践編Ⅰ］引き受け人間学・実践の基本

第４章 ［実践編Ⅱ］しこたま意識クリーニングの実践例

病氣・症状別の実践例 101

脳・精神症状の実践例 108

人間関係の悩みの実践例

その他、生活上のさまざまな悩みの実践例

第5章 〔実践編Ⅲ〕日常生活の指針と健康法

第6章　引き受け人間学・なんでもQ＆A

第7章 引き受け人間学・不思議な体験談～ピンチがチャンスに！

第1章

引き受け人間学ができるまで

まず、はじめに自己紹介を兼ねて、私がなぜ引き受け人間学の活動を行なうようになったのかについて、お話ししたいと想います。

心身ともに自信がないのに人に好かれた少年時代

私は、1951（昭和26）年6月11日、現在の長崎県西海市の片田舎に、半農半漁の長男として生まれました。幼少の頃より家族や地元の風習に違和感を覚え、反抗的な面もありましたが、それでもいつも明るく振る舞っていました。

この頃で忘れられないのは、同級生のA君と、近所に住む障がい者のMさんをいじめてしまった経験です。心の深いところで傷になり、ずっと自分を責め続けました。

子どもの頃はクラスの人氣者だったのですが、それは小学4年生のときのある出来事がきっかけでした。下校途中、友達と遊んでいるときに橋から落ち、約3m川底の石で頭を打ってケガをしたのです。近くの医院に運ばれ、担任の先生が来てくれて治療をしたのですが、先生の手を握りながら、麻酔なしで3針縫いました。

その後学校で、先生が「やすみつ君は手術中に一切泣かなかったよ、本当に強かったよ」とほめてくださったことがきっかけで人氣者になり、5年生から中学3年までのすべての学期で委員長に推薦されました。でも、その頃の私はその立場が本当に嫌で、わざと学校に遅刻したり、無責任な行動を取ったり、悪ふざけをしたりしました。今の私なら日本一楽しいクラスにできたのにと後悔しています。

また四六時中友人に囲まれていたのですが、ひとりになりたくて「もう来ないで」と想ったこともありました。そうしたところ、次の日から誰も寄って来なくなって、寂しい想いをしました。身勝手ですね。「想い」は現実をつくる体験をしました。

クラスでは人氣がありましたが、自分に自信はありませんでした。心身の健康に不安を感じたのは、小学6年生の修学旅行のときが最初でした。それから不安と不満の日々が始まりました。中学3年のときに同級生のK君と口喧嘩になって「死ね」と言われたことで、死の恐怖にとりつかれ、それからは新聞の死亡欄ばかり見ていました。「もうすぐ病氣で死ぬに違いない」と想っていたのです。15歳の少年がですよ。中学・高校と陸上クラブにいましたが、足は少々速かったものの身体に自信がないので、いつも練習をサボっていました。今振り返ると心身症の状態だったのです。

高校は西彼農業高校に進みました。農業鑑定県大会で優勝し、全国大会に出場したりもしました。

高い理想を持って農協に就職

高校卒業後、地元の農協に就職しました。ライファイゼン（ドイツの農業協同組合の創始者）の組合精神「ひとりは万人のために、万人はひとりのために」の理念に燃え、この言葉を横断幕に書いて、農協の正面玄関に掲げました。

初任給は1万8000円、夏の初ボーナスは15万円でした。ところが、高い理想に燃えていた私は、「ボーナスをもらうために農協に入ったのではありません！」と、現金袋を上司に返したのです。上司からは「決まりだから」と怒られ受け取ってもらえなかったので、近くの赤ちょうちんで同僚たちに全部おごりました。この辺が少々変わっていますね。

理想と不安、恐怖の青年時代

農協に入ってすぐに青年劇団を組織しました。脚本監督は私、役者は地元の青年から集め、自然環境を守ろうというストーリーの劇をつくりました。このときにも県大会で優勝して全国大会に行きました。また青年団に社会部を創設して、町内のバス停にゴミ箱を置き、毎週日曜日にゴミ回収を行なったりもしました。

そんな活動的な毎日を送っていましたが、いつも体調は悪く、冷え性や腰痛、便秘に悩まされて薬漬けの毎日でした。この頃は、自分は胃ガンだと想っていました。

奇形した右中指爪の下に血腫ができ、医学書を見て骨肉腫だと想いこんで、内科と皮膚科に駆けこんだこともありました。検査の結果、どちらからも異常はないと言われたのですが、信用できず、ガンに違いないと想いこみました。痩せることを嫌いつつ、体重は42kgまで落ちてしまいました。

何とか運命を良くしたいと想い、いろいろな人に尋ねて回りました。初めは名前が悪いと言われ、3回変えました。次に印鑑が悪いと言われ、二十数万円の印鑑をローンで買いました。その後、東京と福岡の2人の霊能者に頼りました。東京の方からは、前世の悪因縁の切るのに毎月2万円かかると言われました。福岡の方には祖父の戒名を変えないとだめだと言われ、相当悩みました。

その頃購入した新車のナンバーが「2844」だったことも忘れられません。4は「死」に通ずると大嫌いな数字でした。そのとき、人は嫌ったものを引き寄せるのだと痛感したのです。今は「四つ葉のクローバー」として、あえて数字の4を選ぶようにしています。

振り返ると、理想に燃えながらも自らの苦悩の原因を外に見て、自分の「想い方」に原因があることに氣づいていない青春時代でした。

突然聴こえた天の声と、魂にスイッチが入った寓話

この頃の忘れられない2つのことをお話しします。

ひとつは22歳のときの事故での出来事です。地元の田舎道を車で走行中、右折しようとしたとき、ふいに「そっちに行ったらいけない」という声が聴こえたのです。声を無視して右折すると、カーブで正面衝突してしまいました。ぶつかる瞬間の1コマ1コマがスローモーションで見えました。事故の割には双方共にケガなく済んだことに心から感謝し、「あれは天の声だった、あの声を無視してはいけなかったのだ」と反省しました。

もうひとつは、南アメリカのアンデス地方の寓話《ぐうわ》です。山が大火事になり、大きな動物たちは火消しを諦めて逃げました。ところが1羽のハチドリだけは「自分たちの命を守ってくれたこの森が消滅するのを見過ごすことはできない」と、大きな動物たちの制止を振り切って、1滴の水を運び続けたのです。その後多くのハチドリたちが集まって水を運び、火は消し止められました。

この話を初めて聞いたとき、「地球環境を守りたい」という強烈な願いが、私の魂のスイッ

チをオンにしました。この話を語るたび、今でも涙が溢れてくるのです。

農協を退職し起業したものの経営不振で苦悩する

農協では、5年にわたって、山梨県の岡部先生が無償で自然農法の指導に来てくださっていました。ところが農協も役場も組織的に動くことがなく、私は岡部先生に本当に申し訳なく想い、逃げるように農協を辞めました。今でこそ、自然農法は時流になっていますが、私は待てなかったのです。

30歳で農協を退職し、3人で事業を起こしました。日本は高度経済成長の真っただ中でした。自然農法と森と海を守るための環境事業を起業したものの、順調にいかず、借金地獄に陥りました。周囲からは「お前が農協を辞めたからこんなに苦労するのだ。もう1回サラリーマンになったほうがいい」と説教されました。

とにかく何とか収入を得ようと頑張りました。漁業権もありましたから、大村湾でもずく採りなどをして小金を稼ぎました。また、人前で話すのが苦手でなかったので、結婚式の司会を、3万円で50組前後やらせていただきました。今、講演でよく「藤谷先生はお話が上手ですね」とほめられるのですが、話術はここで培ったものです。青年時代に演劇の特訓をしたことも、私の人生の下地になっています。

もうひとつは施療です。農業事業をしていましたから、日々、農家のおじさんおばさんたちと接するわけです。施療は全くの独学ですが、「ここが痛いでしょう？」と聞くと、「何でわかるんですか⁉」と驚かれました。病氣で苦しんでいる方に喜んでもらえるのは無常の喜びでした。

会社が倒産し、借金地獄の苦しみを身に染みて体験

その後、36歳のとき、借金を抱えて会社は倒産してしまいました。当時はすでに結婚していて子供が3人いました。新築した自宅に、公庫より差し押さえの勧告がきました。家族の貯金や、売った土地代金も全部使い果たしました。金のない苦しみ、借金の苦しみは、経験した者でないとわかりません。返済に追い立てられ、周囲に迷惑をかけ、生活もできない。まさにどん底の地獄の苦しみです。それを嫌というほど味わいました。

「自分の主義主張のために農協を辞め、家族を犠牲にして苦しめてしまった。もう疲れた。死んで償うしかない」

そう心に決め、私は地元の山に入りました。頭の中では死亡保険金を計算していました。

自殺でも保険金の半額は下りるだろう、そうすれば家の差し押さえは解除できるから、両親、妻と子供たちはそこで暮らせるだろう。そんなことを考えながら、首を吊る木を探しました。ふるさとの山は、私の心とは裏腹にのどかで静寂そのものでした。木々の緑が美しかった。

しかし、次の瞬間、私は「わーっ！」と叫び、唖然として立ちすくみました。

何ということか、私のいる高台から直線距離にして200〜300mくらい先にあるこんもりした小山が、私に向かってスーッと滑るように飛びこんできたのです。そして、**「逃げるな！　試練だ！　引き受けなさい！　道は必ず開けます」**と、力強くも神々しい天の声が聴こえたのです。その瞬間、私は天に誓いました。

「そうだ、逃げて死んでも何にもならない。もう無駄死にはしない。これから残された人生を、人類の平和と地球環境を守るために、命を捧げます」

「施療院フジタニヘルス」が大繁盛

会社経営のときに趣味で研究していた施療でしたが、口コミでどんどん人が集まり行列ができる状態でしたので、しばらくは生活のために施療院をやろうと決めました。

公認の施療師資格もいただき、佐世保市内にわずか5坪の部屋を借りて「施療院フジタニヘルス」を開業したのです。開業日は忘れもしない、1988(昭和63)年3月21日でした。開業にあたっては、天との約束を果たすべく、あえて以下のことを誓いました。

3、謙虚になれ、一切おごり高ぶるな
2、笑顔が必要、笑って目尻を下げろ
1、高額なお金を取るな
0、太陽、空氣に近くなれ

傲慢にならないように、金銭欲に流されないように、お客様に誠心誠意尽くすという氣持ちを忘れてはいけない。また、お金のない人の氣持ちが痛いほどわかりますので、初心を忘れないようにと、この日を記念日にして、天と自分に約束しました。

ある日、救急隊から電話が入りました。「腰を痛めたおじさんが、病院には行かない、フジタニヘルスに行ってくれと言い張るので困っている」と言うのです。おじさんは布団に寝たままの状態で、隊員4人がかりで連れて来られました。仕方がないので、予約の人には事情を話して待っていただき、約1時間、持てる技を全部使って施療しました。施療が終わると、おじさんはひとりでスタスタと歩いて帰っていきました。

それを見ていた近所の方から噂が広がり、予約の電話がジャンジャン鳴って、予約が3～4か月待ちになってしまいました。そのことから収入も増え、家の差し押さえを止めることができました。

「引き受け氣功」の始まり

実は、開業する前にも天の声が聴こえていたのです。「この引き受け氣功は、日本を飛び越えて世界に出ますよ」と。声を聴いた私は「引き受け氣功を世界に出します。そして、これが完成したあとには、地球環境を守る事業を必ず興します」と天に誓いました。

当時はまだ氣功という言葉は一般的ではありませんでしたが、開業した年の10月、NHKテレビに、埼玉県・帯津三敬病院の帯津院長先生が「うちの病院では氣功を治療に取り入れています」と言って、中国の氣功師が教室をやっているところが映りました。

それを見て、私も氣功という言葉を前に出そうと決め、「フジタニヘルス」としていたのを、「保健氣功研究所」に変えました。これは、後の「ワンダーライフ研究会」の前身ともいうべきものです。

長崎から全国へ

あまりにも施療予約が多いものですから、氣功教室を開きました。堤薬局支店のご主人が修行を兼ねてスタッフとして来てくださっていたのですが、2年後に独立されるとき、「先生の施療代金2000円では経営ができないので、せめて3000円に値上げをしてほしい」と懇願され、受理しました。施術料はそれ以来そのままです（笑）。

その数年後、長崎市内の橋本商会現会長が、自社ビル8階の1室を長崎市民のために使ってくださいと無償で提供してくださり、現在も続いています、本当に感謝です。

若いときには自宅で2回金縛りにあったこともありましたが、特別な霊的修行はしていませんでした。ところが、この頃から自然に憑依《ひょうい》霊を感じるようになりました。「この人は霊に取り憑《つ》かれている」とわかるようになって、その霊を引き受け、天に返すことができるようになってきたのです。

次のことも忘れることができません。ある日、男子高校生が腰を痛めて来院しました。施療後に、「また腰が悪くなったらどうしよう」と想うように伝えたところ、急に「痛い、痛い！」と言うのです。次に「腰は大丈夫、治った！」と想うように伝えると、「あれ？

痛みが取れた！」と言うのです。数回繰り返しましたが、同じ結果でした。**「想い方」ひとつで症状が変わる。**そのとき初めて、私は「病は氣から」の本当の意味を学んだのです。

その日の夕方、想いの大切さを実感しつつ福岡市に向かって車を走らせていると、ラジオから「長崎県島原の普賢岳が198年ぶりに噴火しました」と流れてきました。**人間の集合意識「想い方」と自然現象は直接繋がっている、**と直感的に理解しました。

ちょうどその頃、ジャーナリストの池田弘志氏が『週刊ポスト』や『氣功全書〜頼れる氣功師90人』（出版芸術社）などの雑誌や本で私を紹介してくださり、その後『ガンもカゼと同じに治る』（出版芸術社）『驚異の引き受け氣功』（木楽舎）が出版されたことで、さらにいくつかの雑誌に紹介されました。特に『致知』という雑誌に紹介していただいたことで全国的に名が知れ渡り、引き受けセミナーの依頼が来るようになりました。その後『人生が変わる引き受け氣功』（月本裕・ワンダーライフ研究会著／木楽舎）も出版されました。

一家にひとり、氣功師をつくる全国行脚の日々

2005年から全国行脚の旅が始まりました。最初は肝臓ガンから生還を果たした知念さん（福岡）がスタッフとして協力をしてくれ、その後、現ワンダーライフ理事長の向久保

さん（大阪）が加わりました。沖縄では知念さんのいとこの方に世話役になっていただきました。マンゴー農家の大城さんには、難病ＡＬＳ患者の真井さんのサポートのため、10年ほど運転手として応援していただきました。真井さんの調子がとてもよいので、病院関係者は驚いています。

たとえ数人でも、集まってくれればどんな地方でも出かけて行きました。日本全国に点を打っていけば、いつか線になり、面になる。そのときが日本から世界を変えるとき！そこに目的を集中しました。

その後、セミナーの開催場所は日本全国55か所に広がりました。九州では、1日で北九州、佐賀、熊本の３か所を回りました。１年に３４６日も引き受けセミナーを開催した年もあります。朝から夜までのセミナーを終えたあとは「赤ちょうちんセミナー」があり、それが終わるとスタッフが待機している車に乗りこんで次の開催地に向かいます。だいたいは車で夜通し移動し、現地に着いてそのままセミナーです。

その頃、月に20日は車中泊の生活でした。セミナー用に車を購入後、走行距離はすでに63万㎞になりました。こんな生活でも、軽い風邪以外の病氣はしたことがありません。あまり食べないのに体重は減らず、かつて病弱だった私が66歳になってもこんなに元氣いっぱいに活動しているのですから、闇を引き受け光に変える生き証人ではないでしょうか。

余談ですが、当時、高速パーキングでの車中泊では排氣ガスの毒氣で頭痛がひどく、寝場所を探すのが大変でした。でも最近では、排氣ガスの毒氣はかなり減っています（排氣ガスが右回転から左回転になってきました。ただし、これは私の感覚です）。

「引き受け氣功」から「引き受け人間学」へと再出発

２０１０年に一般社団法人ワンダーライフを設立。体制が整ったことで、大きな規模のセミナーもこなせるようになりました。この年、10月24日の福岡セミナーにおいて、「迷える魂を引き受けて、天に返すチャクラを開きなさい」との天の声を聴きました。

翌年、私の還暦の誕生日の６月11日には、東京・新宿でセミナーを始めようとしたときに「**仏さまは左手で闇を引き受け、右手で光を出しておられますよ**」との天の声を聴きました。そういえば、阿弥陀さまも観音さまも左手の平は上向きで、右手の平は前方に向けておられます。このとき、この「引き受け」は慈悲と愛の実践行だったのだと感動しました。**病氣も苦難も地球環境破壊さえもあるがままに引き受け、それを光として出すことがすべてを大調和させる最大の法則**だったと、大きな氣付きを得ました。

還暦の誕生日プレゼントとしていただいたこの天の声で、長年追い求めてきた「引き受け」の実践作法が基本的に完成したのです。

この日を境に、「引き受け氣功」から「引き受け人間学」へと名称を変更しました。しかし、そうして氣付きをいただいたあとも「まだまだこの先がある」という想いが抜けませんでした。

またしても天からのメッセージ

２０１２年12月13日、長野県安曇野市穂高会館でのセミナーのときに、また天の声を聴きました。**「あなたが他者（世界）に成り代わって、他者（世界の）の運命を変えることができますよ」**との言葉でした。

そしてその後、私にさらなる氣付きを与えてくれた2つの出来事に遭遇するのです。

ひとつは交通事故です。２０１４年11月4日、北海道富良野の雪道を友人の軽自動車で走行中のことでした。左から突風が吹き、同時に対向車線を大型トラックが高速で通過したのです。車は横滑りして大型トラックに吸いこまれ、衝突寸前になりました。

私は直感に従いブレーキも踏まず、左側の田んぼに飛びこみました。びっくりしたのは空中を飛んだほんの一瞬の間、大きな何かの手が車を包んだことです。車は道路下約3mの側溝に当たり、180度反転して大破の状態でとまりました。2人の同乗者がいましたが、私を含め全員ケガもなく無事でした。あのとき確かに天の存在を感じ、お陰さまと皆で感謝しました。

2つめは同月22日に起きた、東京での暴行事件です。友人2人とある場所に行き、そこでひとりの男性と対話中、いきなり「ならば、これを引き受け切るか」と、左耳のところにゲンコツを受けたのです。理不尽なことなのに、私はその方に「有り難うございます」とお礼を言いました。その方は翌日、病院で右親指にヒビが入っているとの診断を受けましたが、私のほうは何の傷もありませんでした（今でも左耳たぶに痕跡は残っています）。

この2つの事故・事件ともに、私の心の中には恐怖も怒りもなく、平静でした。

そしてこれらの出来事のお蔭で、これまで実践してきた引き受け意識クリーニングは間違いないと確信したのです。今では、あの暴力天使とは良き友人になっています。

人生の出会いと出来事には深い意味がある

その後、2015年1月の秋田セミナーでの平川慧君の行動（192ページ参照）が有り難いヒントになり、2月大分セミナー、3月福島セミナーでも氣付きをいただき、同年7月から全国1100人集合意識クリーニング（72ページ参照）を始めました。その後もずっと会員の皆さまから意見を聴きながら進み、このたびの出版となりました。心からの感動、感謝です。

こうして過去を振り返ると、苦悩した体験や、金銭等を要求した霊能者たちとの出会いは、反面教師として私の人生に生き続けていることがわかります。あんな人生だったからこそ、引き受けて今の私になれたのです。

今、引き受け人間学を実践された多くの方から、不思議な体験談が次々と報告されています。その一部は7章で報告していますが、ほかにも本当にたくさんあるのです。

たとえば、熊本の岡本さん（234ページ参照）のお話にある2006年の台風のとき、長崎県島原の中村さんは60アールのトマトハウスを引き受けました。その結果、近所の農業ハウスは全部飛ばされたのに、ここだけは残ったのです。また長野県の牛山さんは、農作物を荒らすサルを引き受けたところ、全く被害がなくなりました。

不思議な現象が次々と起こる「引き受け人間学」。次章からはいよいよ、その理論と実践についてお話ししていきます。

第2章

[理論編]
引き受け人間学とは何か

「引き受け人間学」は何のためにあるのか

人類は、過去の長い歴史の中で、個人の苦悩から国家間の戦争、環境破壊を引き金とする天変地異にいたるまで、解決策がないまま、繰り返し繰り返し「闇」連鎖に流され続けてきました。

このまま人類の意識が変わらなければ、今後も地球上のあらゆるところで、これらの闇連鎖は永遠に続くことでしょう。

人類はもとより地球全体の闇連鎖にストップをかけるためにも、ピンチの闇の流れを引き受けチャンスの光を出し続けて、竹とんぼのごとく左回転で上昇して、天地宇宙の大調和の法則に従う変革の生き方が必要です。

そして今、人類の意識変革のために、満を持して「引き受け人間学」が完成したのです。

まさしく「人事を尽くして天命を待つ」ということではないでしょうか。

これからの人生、あなたが、家族やその他のいのちの代表となり、人類はじめ世界中のすべてのいのち、天地宇宙の大いなる存在と対面して向き合い繋がりましょう。そして、人々の幸福、平和な世界、美しい地球のために、引き受け人間学を実践していきましょう。

引き受け人間学で幸せな人生をつかむ

この章からいよいよ、引き受け人間学を解説していきます。「ピンチをチャンスに変える運命法則」を体験するために、まずは理論を理解していただき、その後、実践編へと移っていきます。

一般常識の概念（考え方）以外にも、宇宙には新概念があることをご理解ください。

そのためにはまず「宇宙のしくみ」を知る必要があります。宇宙にある4つの法則を通して、どうしたら健康に幸せになれるのか、どうしたら世界平和が実現するのか、検証したいと想います。

この法則を無視して、幸せや平和が実現するわけがないのです。どんなに必死に頑張っても、寝ずの努力をしても、宇宙の法則に逆らっていたら幸運はやってきません。

引き受けの基本姿勢も学んでいただきます。58ページからの①～⑨では、天と人、人と人との約束を生きるための重要なポイントを記述しています。

闇を引き受けて光として出す

引き受け人間学は、「あなたが私（代表）」となり、「人類から地球宇宙の底にいながら天と繋がり、人類から地球宇宙の闇を引き受けて光として出す」ものです。

ここでいう**「私（代表）」とは、あなた自身が、家族を含む関係ある人間、動植物、車、宅地建物、会社工場などさまざまないのちの代表になっている、という意味**です。

まず、私（代表）が、人類から地球宇宙のすべてのいのちを支える逆三角形の頂点にいると考えます。

この位置から、私（代表）が闇を引き受けて光のエネルギーを送り出すことで、運命の「闇」が地から天へと左回転で「光」になって上昇します。

その結果、天地宇宙の中心から来る正三角形の大調和の光が、あなたを通して右回転で天から地上へと降りてくるのです（41ページ図解Ⅰ参照）。

この話をすると「自分はとても闇を引き受けられない」とか、「人類を支えるなんて不可能だ」とおっしゃる方がいますが、引き受け人間学では、実践するだけで誰もが自動的にこれができていることになるのです。

原理図〈図解Ⅰ〉

右
天
左
天地・宇宙の大いなる存在
私（代表）が闇を「引き受ける」
天が光を「出す」
大調和エネルギー
人類から宇宙
天が闇を「引き受ける」
私（代表）が光を「出す」
左
手
私（代表）
右
手

「自分には光を出す力なんてない」と心配する人もいるのですが、大丈夫。闇を「引き受ける」ことで誰にでも光となって返ってきます。

「闇を引き受け」「光を出す」のは宇宙の法則なのです。ですから誰でもできるのです。難しい修行が必要だったり、何か特別な技術を使うものではありません。具体的な方法はあとに述べますが、必要なのは実践することだけ。それだけで最高の徳を積むことになるのです。人事を尽くして天命を待ちましょう。

この**引き受け人間学を実践することで天と人との約束を果たし、あなた自身が「世界であり、地球であり、宇宙である」という一即多の「宇宙即我」となることができる**のです。

なぜ、意識クリーニングをしなければならないのか

今、この世には多くの闇がはびこっています。

さまざまな病氣や人間関係の悩みなど個人の抱える「闇」はもちろん、犯罪や非行、嘘など社会の抱える「闇」、また戦争や内紛、テロなど国家の抱える「闇」、さらには空氣や水、土壌などの環境汚染など地球の抱える「闇」もあります。

これらは、人類の長い歴史の中で過去に蒔いた「闇想念」の現われです。私たち人類は

長い歴史の中で、脳、心、魂の記憶装置に闇を刷りこんでしまっています。

今、世界はこうした闇にまみれ、宇宙の法則からはかなり逸脱してしまっています。この闇こそが、病氣、事故、ケガ、対人関係の悩み、逃走、戦争、天変地異となって表面化してきているのです。

闇が不調和の闇としてあったのでは、個人の幸せも国家の安泰も人類の平和もありえません。不調和の闇を浄化しない限り、人類の苦悩は永遠に連鎖するでしょう。

そこで必要なのが「意識のクリーニング」です。一般的に、意識クリーニングにはさまざまな方法があります。滝行とか、言霊《ことだま》を利用する方法もあれば、瞑想や座禅もあるでしょう。

引き受け人間学では、意識クリーニングは「ただ実践するだけ（やり方は78ページ参照）**」**です。難しいことは何もなく、「脳」「心」「魂」の３つの層を意識クリーニングできるのです。

人類は苦しみの連鎖を断ち切らないといけない

潜在意識には、私たちが生まれる前（過去世・前世）からの光（願い）と闇（カルマ）が詰まっています。

よく私たちの潜在意識にはさまざまなブロックがかかっていて、これがあるから幸せになれない、などと言います。潜在意識は「無意識の領域」ですから、ブロックがかかっていると言われても、どうすることもできません。

これが意識クリーニングで外せるのです。

また誰もが多かれ少なかれ、子どもの頃に受けたトラウマを持っています。これもまた意識クリーニングで解決できるのです。さらに前世からのカルマまでも解消できます。

要するに、**現世の今までの闇、さらには過去にさかのぼっての闇をすべて浄化できる**のです。

それは未来をクリーニングしていることにもなります。

過去、現在、未来は「今」の一点に集約されます。過去に蒔いたことが「今」の現象となって現われ、「今」が未来を決定します。**今を変えれば未来も変わる**のです。

私たちは今まで、巨大化した闇をどうすることもできずに、病氣や戦争という苦しみに流されるしかありませんでした。その苦しみが、また闇となって、新たな苦しみを生んでしまっていたのです。

苦しみの連鎖を断ち切りましょう。苦しむ必要などないのです。苦しみを種のうちに浄化させてしまえば、一切の苦しい想いをする必要はないのです。

意識クリーニングをすれば、そこにはもう喜びしかないのです。人類のユートピアが現われます。だから「引き受け人間学」なのです。

病氣の持つ意味とは

人はなぜ病氣になるのでしょうか。

引き受けの大義に照らせば、その原因は「不調和の闇」にあります。

悲嘆、悲観、恨み、拒絶、怒り、恐れ、激怒、嫌悪、不平、不満、憎悪、裏切り、敵意、執着、無関心、イライラ、失望、自己否定など。これらの闇は、すべて身体にダメージを及ぼします。その他の闇の想いも、吐いた闇ことばもです。

私たちの身体には60兆個の細胞があり、それぞれの役割をもって、他の生命体と協力し、調和しながら働いています。自律神経、免疫、内分泌ネットワークなどのバランスがとれていることは不可欠です。身体、心、潜在意識（魂）が分離せず、統一されていることも必要です。

これらの条件が乱れると、身体にも不調和が起こります。ですから**病氣を癒すためには、**

物理的なことだけでなく、心や深層意識の問題を解決しなければいけないのです。

このためには意識クリーニングが何より必要です。

病氣や障がいのもうひとつの原因に、自分の魂があえて、前世（過去世）から病氣や障がいを体験することを前提に生まれている、ということがあります。

ここで大切なのは、病氣や身体（知的）障がいは、前世の悪因縁の結果ではないかと自他を責めてはいけないということです。

逆に健常者は、そのような方々が障がい者として引き受けてくださったお蔭と受け止め、感謝することが大切ではないでしょうか。そうすることで、真の社会福祉国家が生まれます。これらのことは、今後、医学や科学で証明されていくでしょう。

少し横道にそれますが、障がい者の方々を本心から理解され支援されている山元加津子さん（通称かっこちゃん）のお話をさせてください。

かっこちゃんは石川県で、かつては養護学校の教諭をしながら、現在は講演会、書籍やテレビ、『1／4の奇跡』という映画などを通して、「いのちはひとつ」というメッセージを発信し続けている天女のような方です。元同僚の宮田さん（通称宮プー）が脳幹出血で倒れ、それを支えるかっこちゃんの姿に多くの方が感動しています。

皆さまも、かっこちゃんをぜひ応援してください。

子供からお年寄りまで誰でもできる意識クリーニング

私たちは人間です。心に闇を持ってはいけない、人を恨んではいけない、怒ってはいけない、不平・不満を漏らしてはいけないといったところで、実際にはどうでしょうか。日常生活を送っていれば、腹立たしいことも起こるし、苦手な人もいるものでしょう。嫉妬もあれば、妬みの氣持ちもわくものです。

「不平・不満を持たずに、心を明るく、ワクワクした積極的な氣持ちになろう！」

「プラス思考でいこう！」

と声高に叫んでも、心のコントロールは簡単ではありません。

しかし、**引き受け意識クリーニングは、何も考えずにただ「実行するだけ」**でいいのです。難しいことは何もなし。幼い子供だって、90歳のおじいちゃんやおばあちゃんだって、誰でもできます。

ただ実行するだけで、どんどん意識がクリアになっていき、心が軽く、明るく、ワクワクした積極的な心持ちになれるのです。

引き受けで毎日が明るく楽しくなる!

意識クリーニングを続けると、身体が健康になるばかりでなく、過去のことをクヨクヨ考えたりすることや、将来の取り越し苦労の不安がなくなります。

この時代、多くの人が将来に対する不安を感じていることと想います。

「貯金が尽きたらどうしよう」
「入試に落ちたらどうしよう」
「病氣がどんどん悪くなったらどうしよう」
「老後が不安だ」
「孤独死だけはしたくない」

人はこのように、起こってもいない将来を心配しています。起こっていないことを心配してもしかたがないのに、心配してしまうのが人間。でもこれも意識クリーニングを行なっていると、薄紙をはがすように徐々になくなっていきます。

生きていると、さまざまな問題や課題が次々と降りかかってくるものです。ストレスもあるし、人間関係だっていろいろあります。そういうことが起こったとき、「小さなことでクヨクヨしない」などといった精神論で克服するのには限界があります。

しかし、**引き受けの意識クリーニングなら、イライラ、クヨクヨが片っ端から昇華できるのです。**

不思議なことに、意識クリーニングが進めば進むほど、嫌なことや嫌いな人が少なくなり、どんどん氣にならなくなっていきます。残るのはワクワク、キラキラした毎日です。その証拠に引き受けを実行している人はみんな笑顔です。

２０１５年に出版された、喜多良男氏の『死帰』（鳥影社）でも、

「ただお願いしますだけの祈りでは天に願いが通じません。『苦しみや困難に対してはこれが必要なものであるなら喜んで引き受けます。どうかそれらに耐える力をお与えください』と祈ってください。これが本当の祈りです」

と記載されています。

犯罪、殺人事件、詐欺、だまし、嘘が激減する

この世には殺人、詐欺、だまし、嘘など、さまざまな犯罪、不幸な事件がたくさん起こります。これらもすべて意味があるのです。

これらは各人の前世からの宿題（因縁）が関与しているので、ある意味、必然的に起こっていることでもあります。

私は、人を見ていると、加害者と被害者の関係が脳にインプットされているのがふと見えたりします。「前世では被害者だったが、現世では反対の立場でやり返す」といったカルマの繰り返しに陥っている人もいます。

しかし、それも「引き受け」れば変わります。**前世からの宿題（因縁）さえも、引き受けて、クリーニングすれば浄化できます。**それが引き受け人間学の驚異の効果です。宿命は変えられませんが、運命は変えることができるのです。

私たちは皆、この地上界の修行を終えると必ず死にます。逆に言えば、死ぬまで生きます。そして、魂世界に帰るわけですが、どのような境遇であったにしても、この地上界での生涯で**「何を想い」「どう生きたのか」が人生の重大なポイント**なのです。

自我意識から真我意識へ

「意識している」「意識が足りない」などという使い方をされる「意識」。これは大きく分けると2つの層になっています。

表面意識である「自我意識」と、無意識である「真我意識」。自我意識は、この世界で学んだ知識やモノの見方、受け止め方であり、自他を分ける傾向にあります。そのために快不快や好き嫌いなど、思考に違いができます。

一方、真我意識は、宇宙法則に沿って、人間を含むすべての生命、自然、世界、宇宙の調和を目指す意識です。個人、家族、社会、国、人類が分かち合い、与え合い、助け合い、感謝し、愛し合い、大調和に向かう意識ともいえます。

自我意識の中にある闇を引き受けて浄化し、真我意識に目覚めることが、永遠のいのちを生きる目的といっていいと想います。ただ、それは急にできるものではありません。

しかし、**意識のクリーニングを日々行なっていれば、自然と真我に目覚めていく**のです。

寓話「天国と地獄」が教えてくれる「心の持ち方」

「天国と地獄」という寓話をご存知でしょうか。

「地獄」の世界に降りていくと、そこの住人たちの手には長い箸が結ばれ、箸の先には美味しい料理が並んでいます。住人たちは我先にと料理をつかもうとしますが、箸が長すぎて自分の口に入れることができず、皆怒っていました。

天国に行ってみると、手に長い箸が結ばれているのは同じでしたが、皆はその長い箸で「お先にどうぞ」と他人の口に運んでいました。皆、他人の箸から美味しい料理を食べることができ、笑顔でした。

条件は同じなのに、地獄の住人は「利己中心の生き方」をして怒り、天国の住人は「利他中心の生き方」をして笑顔になっていました。**地獄行き、天国行きの切符は、ひとりひとりの「心の持ち方」にある**のではないでしょうか。

私たちは「約束」のもとに生まれてきている

神奈川県に、産婦人科医師の池川明先生がおられます。

池川先生は、生まれてくる前の子供たちの魂の記憶を綴った『かみさまとのやくそく』（荻久保則男監督）というドキュメンタリー映画に出演されています。

私も、沖縄のR君と佐世保のM君が、2～3歳の頃、生まれる前に空にいたときの記憶を話したことを、それぞれのお母さんから直接伺いました。荻久保監督とは東京で、R君とは沖縄で数回会っています。

R君は『自分をえらんで生まれてきたよ』と『神さまがくれたひとすじの道』（どちらも

サンマーク出版)という本を出版しています。また、M君は空にいるときに「修行に行きなさい」と諭され、もう少し空にいたかったのだけどお母さんを選んで飛びこんできた、と話したそうです。

私たちは、天と人、人と人との約束のもとに生まれてきているのです。

引き受け人間学〈宇宙の4つの法則〉

これより、ピンチをチャンスに変える運命法則「引き受け人間学」の〈宇宙の4つの法則〉を説明します。

①原因と結果の法則

昔から、「病は氣から」「蒔いた種は刈らねばならぬ」「人を呪わば穴二つ」などと言います。引き受け人間学でも同じ、今、目の前に起こっている現象〈結果〉にはすべて原因があると考えます。

闇を出せば出すほど、宇宙との不調和が起こり、それは「結果」となって現われます。身体に現われれば病氣、人間関係に現われればトラブルです。皆の不調和が集合すれば、事件、事故、戦争、天変地異の災害にもなります。

医学の進歩にも関わらず、原因不明の病氣は増える一方です。しかし、医学的には原因不明であっても、天地宇宙の法則から見れば原因があるのです。

この世のルールは原因があって結果があるのですから、原因を取り除けば、結果が変わってきます。つまり**闇の意識クリーニングを行なえば、光となり、望む結果を受け取ることができる**のです。

誰からも嫌われがちな「闇」は元々が「光」の影ですから、まずは「なるほど」と闇を受け止め「引き受け」ることにより、本来の光（元氣、安心、平和など）になって返ってくるのです！　このことに氣付いただけでも人生は大変革します。

②たらいの法則（山びこの法則）

「たらい」は、昔、洗濯に使っていた大型の平たい桶です。たらいに水を入れて、水を自分のほうに引き寄せるとどうなりますか？　ヘリに当たって引き寄せた分だけ、逃げていってしまいますね。逆に向こうに押すと、自分に返ってきます。

山びこはどうでしょう？　出した声がそのまま返ってきますね。「やっほ～」と叫べば「やっほ～」、「バカ～！」と叫べば「バカ～！」と返ってくる。「バカ～！」と叫んで「好き～！」と返ってくるはずがありません。

何が言いたいかというと、これこそが「宇宙の法則」なのです。

「欲しい、欲しい」と引き寄せれば、逃げていく。逆に、出したものは自分に返ってくる。

「光」を出せば光が返ってきますが、「闇」を出したら闇のままで返ってきます。

節分で豆まきをするときに、「鬼は外！　福は内！」と言いますね。たらいの法則では、これはNGです。「鬼」を出したら鬼が返ってくる、「福」を内に引き寄せようとすれば逃げていくからです。ですから引き受けセミナーでは「鬼は内！（闇を引き受ける）　福は外！（光を出す）」と言います。皆さまにも、この豆まきをお勧めします（笑）。

③陰陽と循環の法則

大宇宙（自然）のエネルギーは相対です。陰（闇）と陽（光）、左回転と右回転のエネルギー循環など、相対するエネルギーが調和して成り立っています。

昼があって夜があり、男がいて女がいます。海水には塩化ナトリウムとにがり、空氣には窒素と酸素、土には好氣性菌と嫌氣性菌がいます。腸内細菌も善玉菌、日和見菌、悪玉菌、どれもすべてプラスとマイナスの相対です。働き者のアリがいて、働かないアリがいる。ハチの世界も同じです。

私たちの身体の働きを支える自律神経にも、交感神経と副交感神経があり、それぞれが相互関係の働きをしています。

引き受け人間学を実践すると、竹とんぼを回すときのごとく左手で闇を引き、右手で光を出すことにより、人生は左回転で天(大調和)に上昇します。天は逆に、右回転で地上界に降りてこられます。これが「人事を尽くして天命を待つ」という法則なのです。

④作用・反作用の法則(平等の法則)

宇宙(自然界)は創造と破壊の大調和です。あなたが家族を含むその他のいのちの代表となり、天と対面して繋がり、あなたの左手の平から闇を引き受けると、天から光が来ます。反対に、あなたの右手の平から光を出すと、天が闇を引き受けてくれます。

1の闇を引き受けたら1の光しか来ないけれど、1000の闇を引き受けたら1000の光が来るのです。また1の光を出すと1の闇が引き受けられて、1000の光を出すと1000の闇が引き受けられます。

これが「作用・反作用の法則」です。「平等の法則」とも言います。

引き受け人間学〈9つの基本姿勢〉

引き受け人間学においては、基本姿勢（心構え）がとても大事です。引き受けは、以下の①～⑨の心構えを持ちながら行ないましょう。

①人間は永遠の生命であり、輪廻転生の存在である

これは仏教の考え方に近いのですが、人間の魂は、肉体が死んでも生き続けます。肉体の寿命がくると肉体は原子、分子に分解されて、循環のサイクルに入ります。

一方、**魂（エネルギー体）は肉体から霊糸線（シルバーコード）が切れて、還るべき場所に還ります。**

現世で本当の我（真我）を自覚できた人は、人生の課題をすべてやり終え、「光の世界」に還ります。仏教でいえば解脱です。

②偶然はない！　すべてが天と人、人と人との約束である

「人事を尽くして天命を待つ」という言葉がありますが、引き受け人間学の実践理念はまさにこれです。

現世の人生は「天と人との約束」の上にあります。**人と人との出会いもすべて必然**です。偶然はありません。

たとえば**苦手な人、嫌な人は、魂の世界で、相手にわざわざ悪役を演じてもらうようにお願いして生まれてきた**のです。ですから苦手な人、嫌な人は、鬼の面をかぶった観音さま、天使さまであり、ありがたい恩人なのです。

十数年前のことですが、上司を恨んでいた男性が、ある日心の窓が開いて生まれる前の前世の記憶が甦り、なんと自分が上司になる方に「私をいじめて怒りと恨みのカルマを引き出してください」と無理にお願いしていたことを想い出した、という体験談を聞きました。不思議ですよね。すべての出会いと出来事は必然の約束事ではないでしょうか。

その他、動物や昆虫類、植物の引き受けの実践でも、被害がなくなったり成育に変化が出るのも、天との約束ではないでしょうか。

③宿命は変えられないが、運命は変えられる

どの国に生まれるか、男か女か、どんな親の元に生まれるか……、こういったことは宿命ですから変えることはできません。

しかし、**人生においてどんなことが起こり、どのような道を歩むか、これは運命ですから変えることができます。**

たとえば病氣やケガ、事故、お金がない、人間関係のトラブル、仕事がつらい……、こうしたことはすべて、あなたの想うように「選び直す」ことができるのです。

④越えることのできない問題（艱難辛苦）はない！ すべては乗り越えるために、未来から闇が訪れる

生きていればいろいろなことがあります。ときには大きな災難に遭うこともあります。予想外のトラブルに巻きこまれ、なぜ自分ばかりがこんな目に遭うのかと恨めしい氣持ちになってしまうこともあるでしょう。

これらの問題（＝闇）はなぜ起こるのかというと、「乗り越えるため」です。闇を光に変

えていけば、必ず乗り越えることができます。

なぜこういう問題が起こるのか、どうやって乗り越えればいいのかがわからないからつらいのです。**乗り越える方法を知っていれば、チャレンジできる**のです。その**「乗り越える方法」こそが、引き受け人間学**なのです。

未来からやってくる出会いと出来事を、氣付きのためのメッセージとして、まずは「なるほど」と受け止め、闇を「引き受け」て光にして出す「なるほどキャッチボール」（90ページ参照）を、日々の生活で楽しんでください。

⑤宇宙（自然）の調和をはみ出した不調和を引き受け、本来の調和に戻す

宇宙の法則から検証してみると、この世で起こっている病氣、事故、戦争、汚染、天変地異その他の問題は、不調和の回転になっています。

ひとりひとりが闇の引き受けを行ない、光を出すことによって、宇宙の調和に貢献できるのです。

大調和エネルギーの比率は、「光（78・5）」対「闇（21・5）」、つまり4対1の調和された回転になります。

⑥私が変われば過去の関わり（前世・過去世・現世）が修復され、現実と未来の人生が暗転から光転する

引き受けは、現在起こっている問題を解決するだけではありません。**現在の自分が変わることで、過去も変わり、さらには未来も変わってくる**のです。

そのためには、意識クリーニングが必須条件となります。そのことで、来世へのカルマの闇連鎖を現世でストップさせるのです。

⑦私（個人）が他者（世界）に成り代わって引き受ければ、他者（世界）の運命までもが暗転から光転する

あなたが他者（世界）に成り代わって闇を吐き出して**引き受けを行なうと、家族や友達、その他の対人関係や世界までもが、本当に改善します。**引き受けで平和活動ができるのです。

それが集積すれば、国と国との関係ですら改善することができます。戦争や内紛、民族闘争など、その国に成り代わり意識クリーニングすることで、世界平和に貢献できるので

す。自然環境破壊の闇を引き受けると、地球を守ることもできます。
これが本当であれば、すごいことではないでしょうか。

⑧悟り（差取り）への道は、意識の「想い方」と「生き方」にある

想いは現実をつくります。光を想えば光の現実が、闇を想えば闇の現実が現象化します。

両手の平を目の前で指先をそろえて重ね合わせたあと、少し指の先端を広げ、左指を見て「伸びた」、右指を見て「縮んだ」と想ってください。その後、両手の平を重ね合わせます。そうすると、左指が伸びて右指が短くなると想います。

次に左指を見て「縮んだ」、右指を見て「伸びた」と想ってください。左指が短くなり、右指が伸びると想います。想いが現実をつくるのです。

呼吸も、息を「長く吐く（光）」と「短く吸う（闇）」が、身体を健全に導きます。

「笑い」は息を吐きますから、心身共に左回転で人生（運命）を向上させます。

「脳」「心」「魂」の3つの層を意識クリーニングすることで、その究極には何があるのでしょうか。それは「悟り（差取り）」です。

差取りとは「一即多、多即一」のことであり、「私はあなた、あなたは私」「私は世界、世

界は私」「私は宇宙、宇宙は私」ということ。これにより、「いのちはひとつである」との境地をつかむことができるのです。これが、引き受け人間学の目指す極意です。

⑨肉体先祖の闇の流れを引き受けて光の流れを送る（出す）ことにより、子孫の流れも調和させる

引き受けを行なうことで、霊的な家系の問題を調和させることもできます。**あなたが引き受けを行なうことで、子孫に光を送ることもできる**のです（異次元の迷える魂や肉体先祖の闇の流れは見えない世界のことなので、ぜひ引き受けセミナーにご参加ください。霊的なことは直接セミナー会場で体験していただきます）。

この項の最後に、「**何のために意識クリーニングをするのか**」ということの目的を説明しましょう。

大きくは、人類の平和と、地球が千年も万年も続く美しい星になるためです。

さらには、意識クリーニングをして自分が変わらないと、生まれる前（魂世界）に約束を交わした、自分を変えるために鬼の面を被って悪役を演じてくださっている方に対し、申

し訳ないからです。そして1日でも早く自分が変わることで、その方が鬼の面を脱いで本来の福に戻っていただくことができます。

また、障がい者とその家族が「引き受け」てくださったからこそ健常者があることとの意味を理解する、本来の意味での福祉社会国家でありたいからです。

以上のことは、この世の次元ではなかなか理解しがたいことですが、決して被害者側の立場の人に問題があり、加害者側の立場の人は罪がなく赦されるという表現ではありません。また、障がい者やその家族に対しての同情や寛容でないこともご理解ください。

すべては天と人、人と人との約束ですから。

引き受け人間学〈4つの哲学＝YASU語録〉

ここでは、引き受け人間学に必要な4つの哲学（引き受け哲学）についてお話ししましょう。

これらは私、藤谷泰允の「YASU語録」とも呼んでいます。従来の規則正しい常識とは真逆の、不規則正しい逆転の発想、ピンチをチャンスに変革するための新しい概念です。

不規則正しく生きる！（苦行から楽行へ）

「規則正しく」ではありません。「不規則正しく」です。

私たちは今まで「規則正しく」という教育を受けてきました。ここでいう規則とは、規範、規律、道徳といったことも含みます。

不安や恐怖、怒りの氣持ちは持ってはいけない。愛しなさい、信じなさい、許しなさい、相手のよいところだけを見なさいと言われ続け、そのように努力してきました。

しかし、このように規則正しく生きようとすると、我慢が生じ、大きなストレスとなります。それができない自分を責めて、罪悪感を持ってしまいます。

人を恨むな、許せと言うけれど、そんな生き方が簡単にできるものではありません。どうしても「あいつが許せない」という想いが浮かんでくるものです。そこで「ああ、自分はダメだ」と自分を責めてしまうのです。

こういう責めの氣持ちを脳に入れ続けると、病氣になります。その結果、ちっとも楽しくない、苦しい人生になってしまいます。

昔からよく「何であんなにいい人が病氣になって……」とか「何であんないい人が不幸になるのか……」などと言いますね。これは規則正しく生きようとするあまり、宇宙と不調和を起こして闇が現象化したのです。

そこで私は、**「好きにはなれませんが、これ以上嫌いません」「不安でいい、怖くていい。でもこれ以上、不安と恐怖に落としません」**などの新しい概念（ことば）を発見しました。

これが「不規則正しく」です、これは「光ことば（85ページ参照）」になります。

愛呆（アッホ）に生きる！（愛呆劇場）

「愛呆に生きる」とは、赤ちゃんのように素直な心で、人類から宇宙までの闇を引き受け、光を出す、という意味です。

赤ちゃんはただそこにいるだけで、周りの人皆が愛と平和を実感できて、呆れるほど愛おしく、愛される存在です。

闇を引き受け光を出すことで、天地宇宙の中心と繋がり、心の器が大きくなります。それを続けることで、あなたがそこにいるだけで、まさに赤ちゃんのように愛される存在になることができます。あなたがいるだけで、周りの誰もが生きる希望や勇氣が湧いてくる、そんな存在になることができるのです。

鏡を見てください。鏡の中にはもうひとりの自分がいます。あなたと鏡の中にいるもうひとりの自分、あるいはあなたと他者（世界）が、お互いに向かい合って両手をつなぎ、「引く（闇を引き受ける）」「出す（光を出す）」を繰り返しながら、「私も愛呆、みんなも愛呆、それでいいのだ」と、目（アイ）を見つめ合って大笑いすればいいのです。

これが愛呆劇場です。プライドやメンツを横に置いて、子どものような素直な心で天に繋がり、過去からの呪縛を解き放ち、明るい未来を創造しましょう。

愛呆の言葉、愛呆劇場は、どちらもワンダーライフの会員さんの発案です。

光と闇の意識コントロールで生きる

「蒔いた種は刈らねばならぬ」という言葉があります。

人生は「想い方」によって創造されます。日々の生活では「光ことば」を想い、つぶやくのです。また、光イメージも大切です。否定的な闇ことばを想ったら、その闇の種をすぐに「引き受けます」と想い、0（ゼロ）地点に戻します。その他、「なるほどキャッチボール」と「しこたま意識クリーニング」で人生が大変革します（詳しくは3章）。

この「想い方」の繰り返しによって「脳」の構造が変わり、何があっても動揺することなく、人生は暗転から光転します。

（この程度で済まされている）（引き受けているから大丈夫）（お蔭さまです）（まだまだ希望がある）（この方は悪役をしてくれている）（引き受けているからオールＯＫ）（ごめんね、有り難う、愛しています）（○○はさほど遠くない）（苦しみは小さく、歓びは大きく）（道は必ず開ける）（私は若い、まだ大丈夫）（死ぬまで明るく生きる）……。

これらの「想い方」が、明るい未来を創造します。

あなたが他者（世界）に成り代わって生きる

これは、2012年12月に長野県穂高でセミナーをしていたときに、天から受けたメッセージです。

あなたが、家族や知人、その他、世界に成り代わって「シャカシャカ（78ページ参照）**」しながら闇ことばを吐き出すことで、他者（世界）の運命までも光転する**のです。こんなことは、世界でも初めてではないでしょうか！

東海地方に住む祖父母が関西でいじめを受けている孫に成り代わって実践したところ、すぐにいじめがなくなり、その後いじめた少年と親友になれた。関東では妻が夫に成り代わっての実践で、暴力夫が急変して天使夫になった。東北では勉強をほとんどしない娘に成り代わって母親が実践したら、その日から宿題に取り組み成績が急上昇したなど、全国各地で不思議な体験が数多く報告されています。

引き受け人間学が目指すもの

引き受け人間学が究極的に目指すものは2つあります。ひとつは「**世界平和の実現**」、もうひとつは「**地球環境の改善**」です。

今、世界中でテロ、内紛・戦争が頻発しています。宗教問題、人種差別、さまざまな利権、経済摩擦などの火種も多く、いつ戦争が起こってもおかしくない状況があります。また地球環境も危機的状態です。もうどうにもならないところまで来てしまっている――、それが現代です。

こんな危機や不安と隣り合わせの状況ではなく、誰もが安心して暮らせる平和な世界を実現したいのです。

もちろんそれは簡単なことではありません。時間もかかるでしょう。でも、必ず実現できると私たちは信じています。

1100人計画から8800人計画とは

私は29年間、ボランティアで多くの方々に遠隔施療の実践をしてきました。同時性、共時性（ユングのシンクロニシティ）という言葉がありますが、**一定の数が共鳴することで、距離に関係なく空間を越えて、全体に影響を及ぼすことができる**のです。

その他、さまざまな医学的「祈り」の実験データがあります。アメリカの著名な細胞生物学者ブルース・リプトン博士は、総人口の1％のルートに相当する人の意識が変われば、全体を変えることができると言っています。

この理論が本当ならば、私たちは真剣に取り組む必要があるのではないでしょうか。

日本の人口は約1億2000万人、ルート120万人は約1100人です。つまり日本人の集合意識を変えるには、1100人が意識クリーニングをすればよいのです。

1100人と考えると、なんだかできそうな氣がしてきませんか？

これが、私たちがまず目指す**「1100人計画」**です。

また、世界の人口は約73億人、その1％は7300万人、ルート7300万人は8544人になります。8544人の意識が変われば、約73億人の意識に火をつけて意識を浄化することができるのです。

> 7300000000(人)×1%=73000000(人)
> √73000000(人)=8544(人)

8544人ではキリが悪いので、末広がりの縁起の良い数字を重ねて「8800人計画」としました。

現在、ワンダーライフでは、毎月数回、日時を決めて、北は北海道から南は沖縄まで、集合意識クリーニングを実践しています。ゆくゆくは全世界で8800人の人々が時差を計測し、集合意識クリーニングを行なう予定です。

人類世界の平和と地球を守ることが、私たちの一番の願いであり目的です。そのためにも、多くの方のご参加をお待ちしています。

世界において日本が果たすべき役目

日本には日本人としての使命があります。天才学者アインシュタインは、ノーベル物理学賞を受賞した翌1922年に日本を訪れています。日本を見て感嘆したアインシュタインは、「神よ、日本という尊い国を残してくださって有り難うございます」という言葉を残したそうです。現在、この言葉の信ぴょう性には諸説あるようですが、アインシュタインが日本という国を称賛していたことは間違いないでしょう。

日本は古来、自分に厳しく他人に寛容に、みんなで助け合い、譲り合う精神性を誇りにしてきました。ところが今はどうでしょう。私利私欲に目がくらみ、言い訳をしたり責任転嫁をしたり……。

幼児教育も、大人の教育も、人間関係もそうです。日本人が大事にしてきた精神性が失われつつあります。そうした意識の低下が、ほかでもない、さまざまな事件や天変地異として現われているといっても過言ではないでしょう。

これらをもう一度、日本人本来の姿に取り戻さなければいけません。それは左翼思想とか右翼思想ということではありません。自然に寄り添い、純粋に人を想いやる心、心の平和のことを言っているのです。

日本人として「自国の誇り」を取り戻すために、歴史教育においても、世界のために活躍された方々のことをもっと知ることが必要ではないでしょうか。私は、ブータンで農業指導者の西岡さんのことを、台湾ではダムと灌漑施設に尽力された八田さんのことを、ネパール（ムスタン王国）ではやはり農業指導者の近藤さんのことを知り、こんな日本人がおられたのかと心から感動しました。

日本の国歌「君が代」は、ギネスブックに「世界で最も古い国歌」として記されています。神話によればイザナキ（男神）とイザナミ（女神）がつながり、天照大御神《あまてらすおおみかみ》、須佐之男命《すさのおのみこと》、月《つき》読《よみ》之尊《のみこと》が生まれ、イザナキの「キ」とイザナミの「ミ」で「君が代」になりました。千年以上前からうたわれた素晴らしい国民の歌であり、決して戦争賛美の国歌ではないのです。

日本が変われば世界が変わる

日本が変われば世界が変わります。日本は特別な国ではないけれども、日本人として果たすべき使命があるのです。今の日本はその使命を果たしているでしょうか。

著名な歴史学者アーノルド・トインビー博士は、生前「子どもたちが、12～13歳までに、自国の文化や歴史、神話を学んでいない国は、過去にほとんど滅亡している」と発表しています。日本はどうでしょうか。

２００９年10月2日発売の英誌『エコノミスト』に、先進国33か国で「自国に対する誇り」をテーマに調査した結果が掲載されています。1位はオーストラリア、2位はカナダ、3位はフィンランド。日本はなんと最下位の33位でした。

また、高校生に将来の希望を聞いた調査では、諸外国は70～80％が「希望がある」と答えているのに、日本はわずか23％でした。それに加え、自殺者が多いのです。

この状況では、日本は衰退に向かうばかりではないでしょうか。

では、どうしたら役目を果たすことができるのでしょうか。

今すぐできることは、「意識のクリーニング」です。闇の心を引き受け光に戻すのです。内なるダイヤモンドを磨き、本来の輝きを取り戻すだけでいいのです。

まず自分の心が平和になること、自分の心が乱れたままでは、世界どころか、家族も地域も平和になるわけがありません。**世界平和のために、まず日本人ひとりひとりの意識を変える**のです。そうすることで、日本人としての誇りも取り戻し、平和に貢献しつつ、天変地異さえも防ぐことができるのです。

引き受け人間学を一氣に日本から世界に広めたいのです。

怒りもない、不安もない。責め、裁き、憎しみ、恐怖、だまし、すかし、裏切りがない世界をつくりたいのです。そして自らを愛し、人を愛し、世界を愛し、地球を守る人がひとりでも増えてほしい。**世界平和と、地球が千年も万年もより良く続くことが私たちの願い**です。それが引き受け人間学の目指すところです。

第3章

［実践編Ⅰ］
引き受け人間学・
実践の基本

引き受けの実践作法

この章からは、引き受け人間学の実践についてお話ししていきます。

引き受け人間学では、左手で闇を引き受け、右手で光にして出します。この方法を「運命光転装置（闇浄化装置）」、この動作を「シャカシャカ」と呼んでいます。

具体的なやり方は以下になります。81ページの写真も合わせてご覧ください。

・作法①

あなたが、家族を含む周りの人間、動植物、車、宅地建物、会社工場など、さまざまないのちの代表（以降「私（代表）」と表記します）になり、人類世界のすべてのいのち、地球から宇宙（以降「人類から地球宇宙」と表記します）の底にいながら、天地宇宙の大いなる存在（以降「天」と表記します）と対面して向き合い、天の右手と私（代表）の左手、天の左手と私（代表）の右手が繋がっていることをイメージします（80ページ図解Ⅱ参照）。

宇宙は極微から極大まで、ひとつのいのちに繋がっていますので、私をいのちの代表とすることで、自他（世界）ともに宇宙から大調和の光が降り注いでくるのです。

・作法②闇を引き受ける

私（代表）の左手の平と繋がっている天の右手の平より、人類から地球宇宙の闇を引き受けます。闇を引き受けた分量だけ、天から光がやってきます。

・作法③光を出す

私（代表）の右手の平と繋がっている天の左手の平へ、人類から地球、宇宙に光を出し続けます。光を出した分量だけ、天は闇を引き受けられます。

・作法④シャカシャカ

私（代表）の胸の前で丸めた左手の甲の上に右手の平をかぶせて、小指側を正面に向けます。

原理図〈図解Ⅱ〉

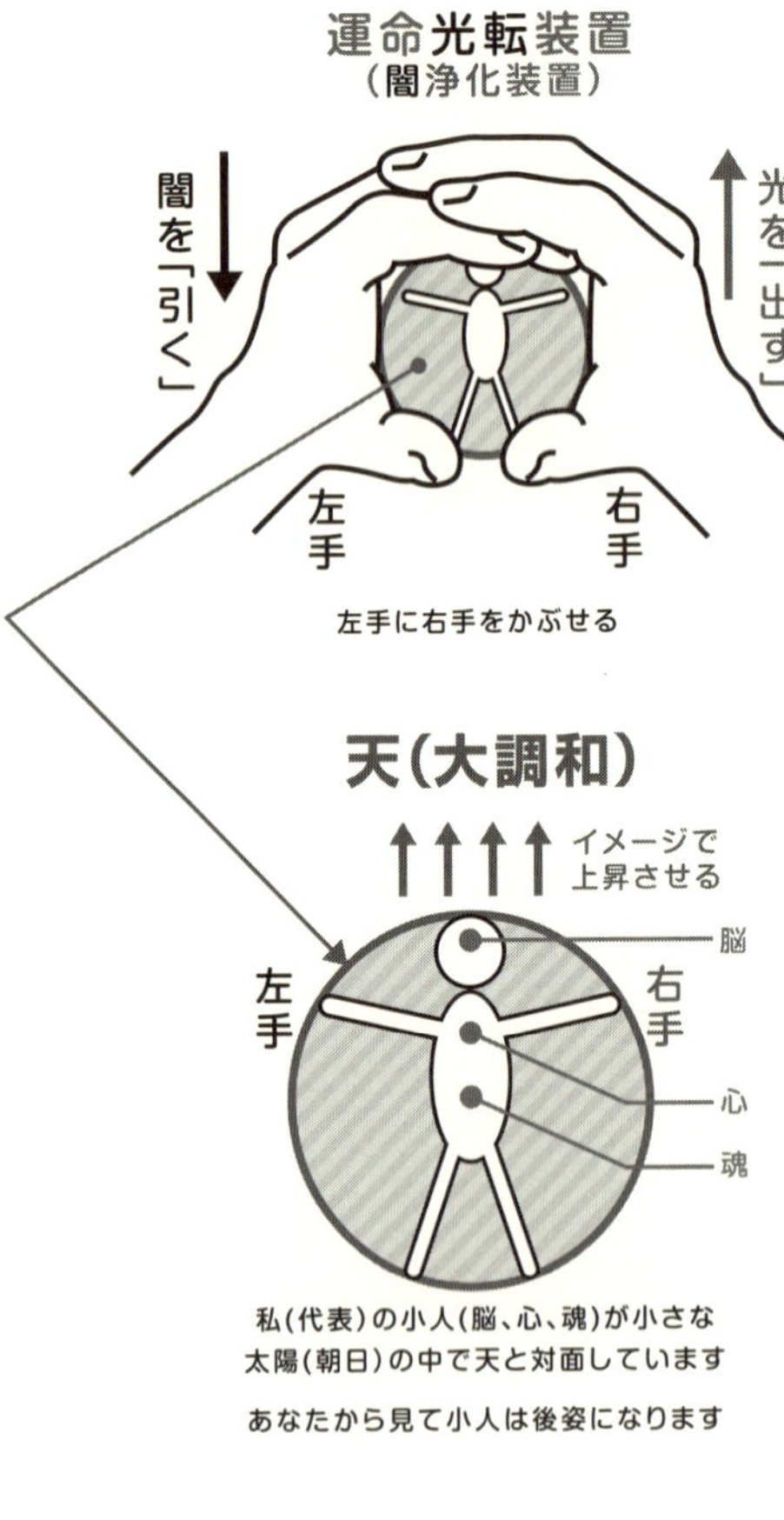
運命光転装置
（闇浄化装置）
闇を「引く」
光を「出す」
左手
右手
左手に右手をかぶせる
天（大調和）
イメージで
上昇させる
左手
右手
脳
心
魂
私（代表）の小人（脳、心、魂）が小さな
太陽（朝日）の中で天と対面しています
あなたから見て小人は後姿になります

実践作法

作法①

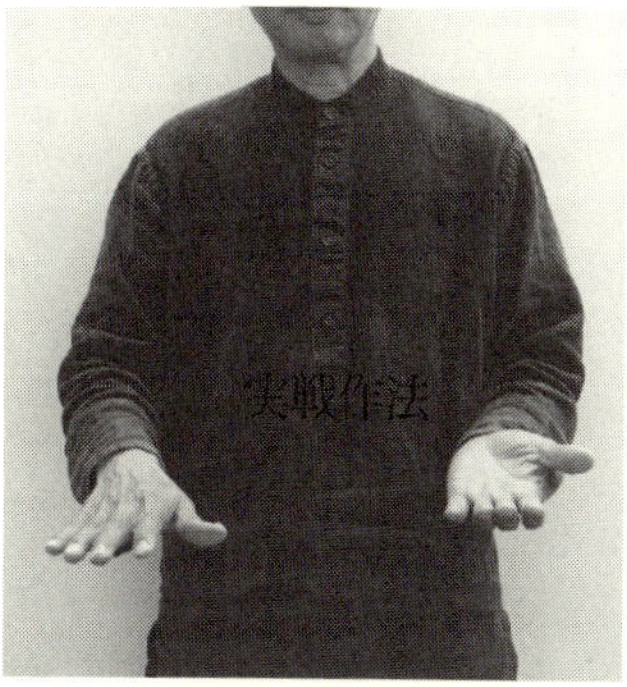

人類から地球宇宙の底にいながら、天と対面して向き合い、天の右手と私（代表）の左手、天の左手と私（代表）の右手が繋がっていることをイメージする。

作法② 闇を引き受ける

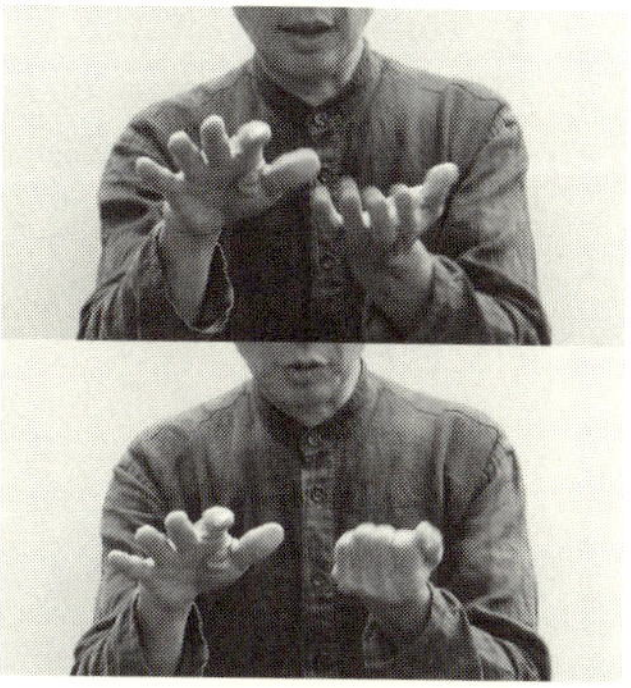

私（代表）の左手の平と繋がっている天の右手の平より「人類から地球宇宙の闇を引き受けます」と想いながら、左手を握りしめ、自分の方へ引き寄せる。

作法③ 光を出す

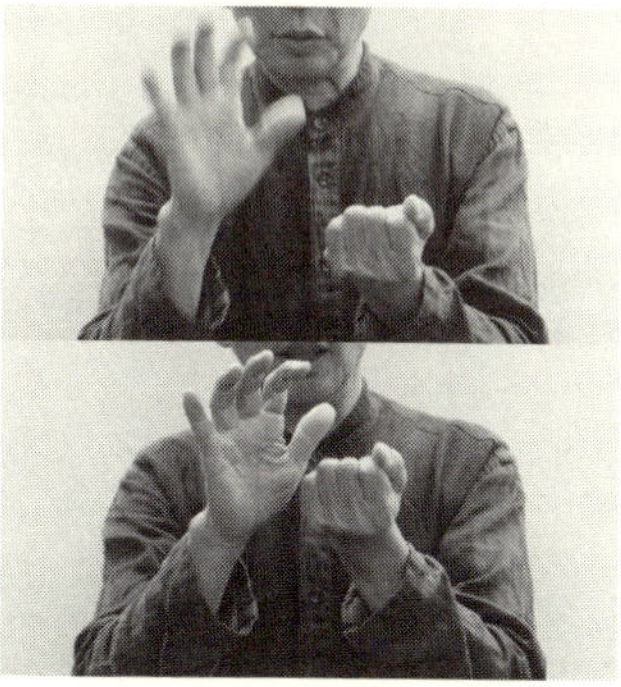

私（代表）の右手の平と繋がっている天の左手の平へ「人類から地球、宇宙に光を出し続けます」と想う。

作法④ シャカシャカ

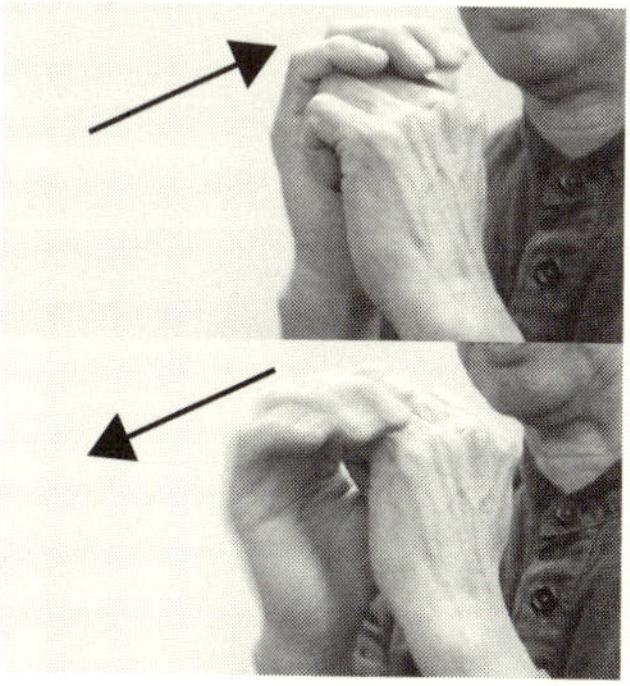

私（代表）の胸の前で丸めた左手の甲の上に右手の平をかぶせて、小指側を正面に向ける。左手を手前に引く、右手を前方に出す。この動作を繰り返す。

左手の平から闇を手前に「引く」、次に右手の平から光を前方に「出す」。このように、両手の平を前後に繰り返し動かします。この動作が「シャカシャカ」です。

このとき、私（代表）の両手の平（運命光転装置）の中にある「小さな太陽（朝日）」と「小人（脳、心、魂）」が、「天（大調和）」に上昇していることを想います。

＊注1　私（代表）の分身である「小人（脳、心、魂）」には2つの意味があります。ひとつはあなた自身のこと、もうひとつはあなたが他者（世界）に成り代わったいのちのことです。

＊注2　「目覚めの誓い」から就寝までの間に「シャカシャカ」するときは、作法①～③を飛ばして作法④から始めてください。

目覚めたとき

まず、目覚めた瞬間に次の言葉をつぶやきます。

「天地宇宙よ。

ピンチをチャンスへ引き受けます。

ごめんね、有り難う、愛しています」

この言葉をつぶやくことで、潜在意識（魂）と表面意識（心）がすぐ繋がり、頭頂チャクラと脳幹チャクラの2つが活性化されます。

さらに次の手順で、「**目覚めの誓い**」を行ないます。

①私（代表）が、人類から地球宇宙の底にいながら天と対面して、イメージ共々繋がりました。

②今日の目覚め（今このとき）より、明日の目覚めを想い出すときまで、人類から地球宇宙の闇を、私（代表）の左手の平から引き受けます。

③そして、人類から地球宇宙に光を、私（代表）の右手の平から出し続けます。

④「天地宇宙よ、人類から地球宇宙の大調和のために私たちをお使いください、有り難うございます」と合掌します。

このとき、私（代表）の両手の平「運命光転装置」の中にある小さな太陽（朝日）と私（代表）の分身である小人（脳、心、魂）が天に上昇していることを想って、数回「シャカシャカ」しながら、「大調和スイッチオン」と言葉にするか、もしくは心で想います。

その後、「今日も1日、何があっても約束の運命として（なるほど）と受け止め、闇を引き受けて光を出します」と誓い、今日を始めます。

就寝するとき

就寝するときは、次の言葉をつぶやきます。

「今日もお蔭さまで生かされましたこと、有り難うございます」

そして、今日1日の出会いと出来事に感謝してお休みください。

人生は「想い方」と「生き方」によって運命が変わります。

1日の生活実践においては、このあとに述べる「光ことば意識コントロール」「闇ことば意識コントロール」、息を長く吐く「呼吸法（137ページ参照）」の実践を、人生の財産にしていただきたいと想います。

光ことば（ポジティブ）意識コントロール

想いは現実を引き寄せます。光の想いは光の現実を、闇の想いは闇の現実を現象化します。日々の生活においては、出来る限り「光ことば」を想い、話すようにしましょう。また、自他（世界）共に、光の扉が開くさまをイメージしてください。

日常生活（意識クリーニング「シャカシャカ」をしていないとき）では、光ことばと光イメージを自他（世界）共に使ってください。

もし、未来から自他（世界）に人生のピンチ（苦悩）が訪れたときは、

「乗り越えることのできない人生の波は来ない！　必ず乗り越えられる！　必ず光の扉が開く！」

と信じ、そのときこそピンチ（鬼）を引き受け、チャンス（福）へと光を出してください。

その後、自他（世界）共々に、さまざまな光（癒し、希望、安全、平和、福の神等々）が人生の荒波を乗り越え、開いた扉の向こうから光が燦々《さんさん》と輝いて降りそそぐさまをイメージ

（光イメージ）しましょう。

以下に、光ことばと光イメージの参考例をあげます。

光ことばの参考例

「ごめんね、有り難う、愛しているよ」

「必ずできる、必ずやれる」

「この程度で済まされている、お蔭さまです」

「苦しみは小さく、歓びは大きく」

「季節の変わり目は調子がいい」

「3時間も寝たから大丈夫」（3時間寝るだけで十分だと決めて4時間以上寝る）

「歳をとることがうれしい。歳をとるたびに元氣になる。私はまだまだ若い」

「病氣を引き受けているから、もう元氣、もう大丈夫」

「心臓は大丈夫。血圧もコレステロールも絶好調」

「私の胃腸の消化能力は抜群だ。咳や生理痛はもう嫌わない」

「暑いほど、寒いほど調子がいい。暑がりや冷え性は治った」

「不安と恐怖を引き受けているから、もうこれ以上は心配しません」

「肝臓のお薬(お神酒)をいただきます。もうこれ以上は太りません」(やせたい人)

「やせるご飯をいただきます」

「パソコンを打つたび肩が軽い、目が良くなる」

「○○はそれほど遠くはない。すぐ行ける」

「あの人は鬼の面を被って嫌な役をしてくれているのだ」

「事件も事故も引き受けているからもう安心、大丈夫」

「責め、争いを引き受けているから、道は開けた。和解しました」

「貧亡神さん、嫌ってゴメンネ。福の神さん、いつも有り難う!」

「世界は必ず平和になる、平和にならないはずはない」

「地球環境を引き受けているから地球は必ず良くなる」

「ピンピン1週間でニッコリコロリ有り難うと旅立つ」

「いのちはすべてひとつなのだ」

光イメージの参考例

「病氣を引き受けているから、私は元氣、もう大丈夫」と想ったあと、元氣の扉が開き、前方から癒しの光がやってくるさまをイメージします。

「争いを引き受けているから必ず平和になる」と想ったあと、平和の扉が開き、前方から平和の光がやってくるさまをイメージします。

「貧乏神を引き受けて、福の神さん有り難う」と想ったあと、福の扉が開き、前方から七福神がやってくるさまをイメージします。

明るいことばや光イメージの想い方が脳に記録され、光の現実が現象化します。**自他（世界）共に、光ことばをつぶやき、光イメージを想う習慣をつけましょう。**

闇ことば（ネガティブ）意識コントロール

ピンチをチャンスに変える引き受け人間学の極意として、「闇ことば（ネガティブ）意識コントロール」があります。

未来からやってくる出来事や出会いは、すべて氣付きのための約束の「運命」。**まずは「なるほど」と受け止め、闇を引き受けましょう。「なるほど」とは、善悪の比較もなく、あるがままに事態を受け入れること**です。

悪いことが来ないようにと押し返し、良いことが来てほしいと願う「鬼は外、福は内」では右回転で闇に落ちてしまいます。引き受けると左回転で上がりますが、それでは押し返しの闇と逃げる光（マイナス）が、引き受けの光（プラス）で帳消しとなり、0（ゼロ）地点に戻ってくるだけの堂々巡り。それでは人生は進化向上しないのです。

闇ことば（ネガティブ）意識コントロールの具体的な内容には、「瞬間意識クリーニング」「なるほどキャッチボール」「しこたま意識クリーニング」の3つがあります。

瞬間意識クリーニング

日々の生活の中で、**不安が増したり、怖い氣持ちになったら「引き受けます」と瞬間的に想い、不安と恐怖の種をお掃除します。**また、「健康が欲しい」「幸せになってほしい」なども闇ことばですから、「〇〇を欲しい」と想ったら「引き受けます」と瞬間的に想うだけで「心」のお掃除ができます。

その他の闇ことばを出したら、その都度「引き受けます」と、1回1回「心」のお掃除を続けます。引き受けた瞬間に闇の氣（右回転）が光の氣（左回転）に変化しますから。

くれぐれも「あとですればいいや」と、後回しにはしないでくださいね。

なるほどキャッチボール

未来からやってくる出会いと出来事に対して「受け止めることのできない人生は来ない」と念じ信じて、「なるほど」と受け止め、闇のボールを「心」の左手で引き受けます。その後、**光のボールを「心」の右手で投げるキャッチボールをイメージ**して、実践してみてください。

この実践を習慣にすることにより、人生の闇に流されないだけではなく、光の人生に戻すことができるのです。以上、2つの意識コントロールは、次の究極「しこたま意識クリーニング」を実践することで、徐々に減っていきます。

しこたま意識クリーニング

「しこたま」とは、相撲の力士が四股をたんまり踏むという意味もあり、想う存分とか本氣などとご理解ください。**シャカシャカの中に闇ことばをしこたま想い吐き切ることで、自他（世界）共々に闇が光に変わって返ってくる**のです。すごいですね！

しこたま意識クリーニングの実践では、私（代表）の身体の癒しを基本に、人類から地球宇宙を繋いで、次の手順で行ないます。81ページの写真も参照してください。

①最初に「これより意識クリーニングを始めます」と想います。私（代表）の両手の平（運命光転装置）を自分の胸の前でイメージ共々にセットします。

②次の文章を唱えるか、もしくは心で想います。

「人類から地球宇宙の不調和の闇が繋がりました」
「人類の闇想念が繋がりました」
「霊界の闇世界が繋がりました」

③この**３つの大きな闇をシャカシャカしながら、「出して（魂から）、出して（心から）、出し切って（脳から）」、次に「吐いて（魂から）、吐いて（心から）、吐き切って（脳から）」と下から上につぶやきながら繰り返します。**

何かの事情で両手を使えないときは、心の中で「シャカシャカします」と想ってから始めてください。

続けて自分が他者（世界）に成り代わって、しこたま意識クリーニングを実践してみてください。言葉に出さなくても「想う」だけで結構です。闇ことばを言いたくないときは、無理に想い吐き切る必要はありません。ただし、闇ことばを想い吐き切ったほうが、人生をさらに自他（世界）共に良い結果に導きます。

なお、運命光転装置は別名「闇浄化装置」ですから、シャカシャカするときには、光ことばは想い出さないでください。光が強くなり過ぎて不調和になりますので。

④シャカシャカのあとには、「有り難うございます」と天に感謝して終了します。

シャカシャカを実践しているときは「こんなに不平不満がある自分が恥ずかしい」「こんなにわかってほしいと想う自分が恥ずかしい」「言い過ぎてごめんね、有り難う」の想いが自然に心の内側から湧いてくるぐらい、「しこたま」闇ことばを自他共に想い吐き切りましょう。

同時に、自分や他者（世界）の人生における過去の傷（トラウマ）も想い吐き切りながらシャカシャカしてください。そのことで、自分も他者（世界）も闇の記録が浄化されます。自分が他者（世界）に成り代わる場合は、できる限り多くの闇ことばを想定しながら実践してみましょう。

また、事件や事故、天災のニュースなどを見聞きしたときには、私（代表）の両手の平シャカシャカの中にそれらを想いながら、自分や他者（世界）に成り代わって「事件や事故ばかりで不安でたまりません」「平和が欲しい」「あんな政治政策はやめてほしい」「もう天変地異は起きてほしくない」などの闇ことばを、しこたま吐き切ります。

仕事中や運転中、人前などで両手が使えないときや、日々の生活で怒り、責め、不安、恐怖が生じてきたときは、心の中で「シャカシャカします」と想って、闇ことばのしこたま意識クリーニングを実践してください。自他（世界）に出した闇が光になって現象化します。しこたま意識クリーニングは、身体の健全を基本に実践を続けてください。宇宙の原因と結果の法則からみて、**闇はもともと光の影ですから、シャカシャカすることにより病氣が元氣に、不安が安心に、失敗が成功に、事件が解決に、天変地異が大自然の調和へと変革していきます。**

これで「苦行」から「楽行」へ。人生、ピンチをチャンスへ！

まさに「ワンダーライフ（いのち輝く、いのち感動）」です！

闇ことば一覧

闇ことばには、次のようなものがあります。

＊人類から地球・宇宙の不調和の闇

人類の病氣（ウイルス、菌、カビ、体毒など）、ケガ、やけど、骨折、生活物資（薬毒、添加物、電磁波など）、事件（暴力、詐欺、殺人など）、事故（交通、作業中など）、テロ、戦争、世界の動植物の病氣、害虫、害鳥、害獣、生き物の絶滅、森林破壊、湖水や河川、海の環境汚染、空氣や土壌汚染、世界の食糧難・水不足、排氣ガス（車、船、飛行機など）、ばい煙（家庭、工場など）、排水（家庭、工場など）、残留農薬毒素、放射能、天変地異（地震、津波、台風、太陽の異常なフレアなど）、その他人類から地球・宇宙の不調和な闇……など。

＊人類の闇想念

（人類に成り代わり）自己・他者（世界）嫌悪、欲しい（健康が、わかって、元氣が、愛が、若さが、お金が、名誉が、平和が、解決して……など）、不安、不満、不平、心配、愚痴、怒り、恐怖、嘘、悲観、落胆、自責の念、非難、邪推、悪口、中傷、苦悩、絶望、恨み、依存、憎しみ、自暴自棄、他人のせい、怠惰、言い訳、嫉妬、焦り、自己・他者（世界）不信、批判、傲慢、疑念、無関心、拒絶、裏切り、イライラ、激怒、脅威、執着、意氣消沈、悲哀、復讐、被害者意識、かわいそう、無視、3時間しか寝てない、暗いイメージ……など。

＊霊界の闇世界

この地上界近くで人や宅地、建物の中に迷っている浮遊霊や地縛霊。魂が暗い世界におられる肉体先祖や先祖の闇の流れ。

第4章

［実践編Ⅱ］
しこたま意識クリーニングの
実践例

究極のしこたま意識クリーニングのやり方

この章では、前章で説明した「闇ことば（ネガティブ）意識コントロール」の中の「しこたま意識クリーニング」の、病氣・症状、悩みなど、この世とあの世の具体的な実践例をたくさんご紹介します。

この通りに行なわなければいけないというわけではありません。あくまで例として提示しているだけです。「何のために」という目的を持って、これを参考にして、実践してみてください。

あなた以外の人のために行なう場合は、あなたが他者（世界）に成り代わって闇ことばを想い、吐き切ってください。

まず、全体に共通するやり方を記しておきます。やり方については81ページの写真も参照してください。

①「これより意識クリーニングを始めます」と、両手の平（運命光転装置）をセットします。何かの事情で両手を使えないときは、心の中で「シャカシャカします」と想ってください。

②両手の平（運命光転装置）に病氣の患部などをイメージして、以下の闇ことばを参考に、想いを吐き出しながら、私（代表）の「左手の平で病氣を引き受け、右手の平で元氣を出す」と、左手と右手を交互にシャカシャカします。

「私は○○という病氣（ケガ、やけど、骨折）のことを想うと、不安で心配で怖くてたまりません。もうこれ以上この病氣（ケガ、やけど、骨折）で苦しみたくないのです。早く元氣になりたいのです。病氣や意識不明や認知症になって死にたくないのです。もっと元氣になり社会貢献したいのです。魂の世界に還るまではピンピン寿命をまっとうして、1週間我が家の布団で寝て、最期はみんなの手を握り、有り難う、ニッコリコロリと息を引き取りたい（死にたい）のです。でも、こんな自分に都合のいいことばかり願ってしまう、自分のことが恥ずかしくてたまりません」

③闇ことばを想い吐き出したあと、「出して（魂から）、出して（心から）、出し切って（脳から）」「吐いて、吐いて、吐き切って」の順番で、好きなだけ闇ことばを出し切ります。
吐き切ったあとはシャカシャカを止め、「有り難うございます」と「天」に感謝して、意識クリーニングを終了します。

病氣・症状別の実践例

まずは、病氣と症状を癒すための実践例です。

病氣の原因の多くは、生活習慣と体毒、虫（蚊・ダニなど）、花粉、カビ、闇の菌、ウイルス、闇の精神によるもの。医学的に原因不明とされる病氣でも必ず原因があります。以下を参考に、症例ごとの闇ことばをつぶやき、その後「出して、出して、出し切って」「吐いて、吐いて、吐き切って」と「シャカシャカ」してください。

病氣も氣付きのためのメッセージですから、シャカシャカ終了後は「ごめんね、有り難う、愛しているよ」と光ことばを自他（世界）共に呼びかけてください。

心臓・循環器の病氣

運命光転装置の手の中に、心臓と循環器をイメージし、次のような闇ことばを想い吐き切りながらシャカシャカします。

「私はこの心臓病や不整脈や高血圧（低血圧）や動悸、息切れや無呼吸症候群が早く治りたい。早く治らないと、不安で心配で怖くてたまりません。元氣が欲しいのです」

ガン、リンパ腫、白血病など

運命光転装置の手の中に、ガンやリンパ腫・白血病などをイメージし、次のような闇ことばを想い吐き切りながらシャカシャカします。

「私の○○ガンやリンパ腫・白血病などが早く治ってほしい、それらの病氣から1日も早く逃れたいのです、ガンが転移するのではないか、ガンで死ぬのではないかと想うと、不安で怖くて苦しくてたまりません」

糖尿病

運命光転装置の手の中に、膵臓と闇ウイルスをイメージし、次のような闇ことばを想い吐き切りながらシャカシャカします。

「私のこの糖尿病が早く治りたいのです。もっと何でも食べることのできる体質に早くなりたい。このままでは失明や足の切断になるのではないか、人工透析になるのではないかと、心配で不安で怖くてたまりません」

肝臓病

運命光転装置の手の中に、肝臓と闇ウイルスをイメージし、次のような闇ことばを想い吐き切りながらシャカシャカします。

「私は最近、疲れて疲れてたまりません。ウイルス性肝炎や肝臓ガンになっているのではないかと想うと、心配で不安で怖くてたまりません。もっと肝機能が良くなって強靭《きょうじん》で無理の利く体質に早くなりたいのです」

痛み、アレルギー（リウマチ症など）

運命光転装置の手の中に、痛みの症状や闇の菌、ウイルスと左右の副腎をイメージし、次のような闇ことばを想い吐き切りながらシャカシャカします。

「私のこの痛み、かゆみさえなければ人生が幸せなのに！　この症状と恐怖心があるから私は不幸なの！　1日も早く治りたい、早く回復したいのです。しかし、このようになったのは自分に原因があることも、深い意味があることも知っています。でもそこに氣づけない自分が悔しくて、歯がゆくて恥ずかしくてたまりません」

胃腸の不調（下痢、便秘）

運命光転装置の手の中に、胃腸と下痢、便秘、闇の菌、ウイルスをイメージし、次のような闇ことばを想い吐き切りながらシャカシャカします。

「私はこの胃腸の不調さえなくなれば幸せなのに。下痢・便秘が早く治って正常になってほしいのです」

（通常は、胃腸はいつも元氣、大丈夫と想う習慣をつけましょう。肯定的に想うことで、日和見菌が善玉菌に協力し、悪玉菌と調和します。）

むくみ、冷え性

運命光転装置の手の中に、左右の腎臓と闇ウイルスをイメージし、次のような闇ことばを想い吐き切りながらシャカシャカします。

「私は、このむくみ・冷え性さえなければいいのに。むくんだり、寒くなるとすぐ身体が冷たくなったりする、こんな自分が不安で嫌いでたまりません。これからはむくみのない温かい身体になりたくてたまりません」

風邪・インフルエンザ、ぜんそく

運命光転装置の手の中に、呼吸器系器官（鼻、咽頭、氣管支、肺）と闇ウイルス（インフルエンザウイルスと菌など）をイメージし、次のような闇ことばを想い吐き切りながらシャカシャカします。

「私はこの風邪・インフルエンザの症状やぜんそくの症状がなかなか治らないので、心配で不安で怖くてたまりません。１日も早く回復しないと仕事や学業に悪影響が出て、皆に心配かけたり、感染するのではないかと想うと苦しくて、つらくてイライラするのです」

視力快復、白内障、緑内障

運命光転装置の手の中に、左右の眼球と視神経、闇のウイルスをイメージし、次のような闇ことばを想い吐き切りながらシャカシャカします。

「もっと視力が快復してほしい、この白内障や緑内障が１日も早く治ってほしいのです。眼圧も正常に戻ってほしいのです」

甲状腺の病氣（バセドウ病、橋本病）

運命光転装置の手の中に、甲状腺や眼球、闇の菌やウイルスをイメージし、次のような闇ことばを想い吐き切りながらシャカシャカします。

「この甲状腺の病氣から解放されたい。（飛び出した眼球が1日も早く治ってほしい）」

花粉症

運命光転装置の手の中に、花粉があることをイメージして、目、鼻、喉にその花粉を引き受け飲みこんでください。そして、次のような闇ことばを想い吐き切りながらシャカシャカします。

「1日も早く花粉症が治りたい」

脱毛（円形脱毛症を含む）・薄毛

運命光転装置の手の中に、脊髄と毛根と闇のウイルスをイメージして、次のような闇ことばを想い吐き切りながらシャカシャカします。

「私はこの脱毛(円形脱毛症)・薄毛があるから苦しくてつらくて、人前に出たくないのです。1日も早くこの脱毛症から解放されたいのです。毛髪が欲しくてたまりません」

不妊症

運命光転装置の手の中に、脳下垂体と子宮、卵巣、低体温などをイメージし、次のような闇ことばを想い吐き切りながらシャカシャカします。

「結婚して〇年になるのに、妊娠できない自分が心配で不安で嫌でたまりません。早く夫や親たちに、かわいい子どもを見せたい。早く妊娠してかわいい子どもが欲しいのです」

妊娠の不安(流産、早産、胎児のトラブル)

運命光転装置の手の中に、赤ちゃんをイメージし、次のような闇ことばを想い吐き切りながらシャカシャカします。

「せっかく妊娠できたのに、流産、早産、死産、逆子、へその緒の巻きつき、病氣や障がい、つわり、難産など、出産までの苦しみが不安で心配で怖くて仕方ありません。母子ともに健全で元氣な子どもを出産したいのです」

脳・精神症状の実践例

脳障がい症状は、脳内細胞（左脳、脳梁《のうりょう》、右脳、脳幹）や脳内細胞の体毒（油毒）を両手の平（運命光転装置）の中にイメージし、症状を想いながらシャカシャカします。この実践で、関東地区では、交通事故で脳損傷になった2名の男女が意識を取り戻し、社会復帰できました。

脳のことを理解するには、ジル・ボルト・テイラー著『奇跡の脳――脳科学者の脳が壊れたとき』（新潮文庫）を参考にしてください。ＹｏｕＴｕｂｅで講演も見られます。

脳梗塞・脳血栓・脳腫瘍などの症状

運命光転装置の手の中に、脳損傷の患部をイメージし、次のような闇ことばを想い吐き切りながらシャカシャカします。

「もう一度元氣になって普通の生活がしたい。そして、社会復帰もしたい」

認知症

運命光転装置の手の中に、脳内損傷の部位（左右の海馬、側頭葉と前頭葉、そして闇ウイルス）をイメージし、次のような闇ことばを想い吐き切りながらシャカシャカします。

「私はこれ以上記憶がなくなることを想うと、心配で不安で怖くてたまりません。もう一度記憶を取り戻したい。認知症から早く解放されたい。そして家族みんなを喜ばせたい。早くこの苦しみから逃れたいのです」

常に笑顔で、趣味を持ち、良い友人をつくり、私の記憶力は抜群と想うことが大切です。

発達障がい（自閉症など）

運命光転装置の手の中に、その方の左脳・脳梁・右脳・脳幹などをイメージし、次のような闇ことばを想い吐き切りながらシャカシャカします。

「早く良くなって、普通の生活ができるようになりたい。多動とか、片づけができないとか、学習障がいなどの状態から早く解放されたいのです」

本人ができない場合は、家族、知人が成り代わって実践してみてください。

強迫神経症（不安と恐怖）

運命光転装置の手の中に、脳幹の前頭部と右脳の楔前部《けつぜんぶ》をイメージし、次のような闇ことばを想い吐き切りながらシャカシャカします（大脳右脳の楔前部は、京都大学大学院医学研究科の論文を参考にしました）。

「なんでいつもいつもこんな恐怖に陥るの？　昔はこんな自分ではなかったのに！　こんな苦しい人生さえ、あの人（たち）との出会いさえなければ、こんなにならなかったのに。あー悔しい、歯がゆい、憎らしい！　でもすぐ他人のせいにする自分も悔しくて、恥ずかしくて本当にたまりません。もっと早く、この苦しみから、この恐怖から逃れたいのです」

摂食障害（過食・拒食）

運命光転装置の手の中に、「過食」または「拒食」をイメージし、シャカシャカを行ないながら次のような闇ことばを吐き切ります。

過食「私は精神的ストレスがたまりすぎると、すぐイライラして食べすぎる自分が、嫌で苦しくてたまりません。1日も早くこの執着から逃れたいのです。もっと自己コントロー

藤谷泰允さんによる

「引き受け人間学」ワークショップ開催！

11月5日（日）、18年3月3日（土）

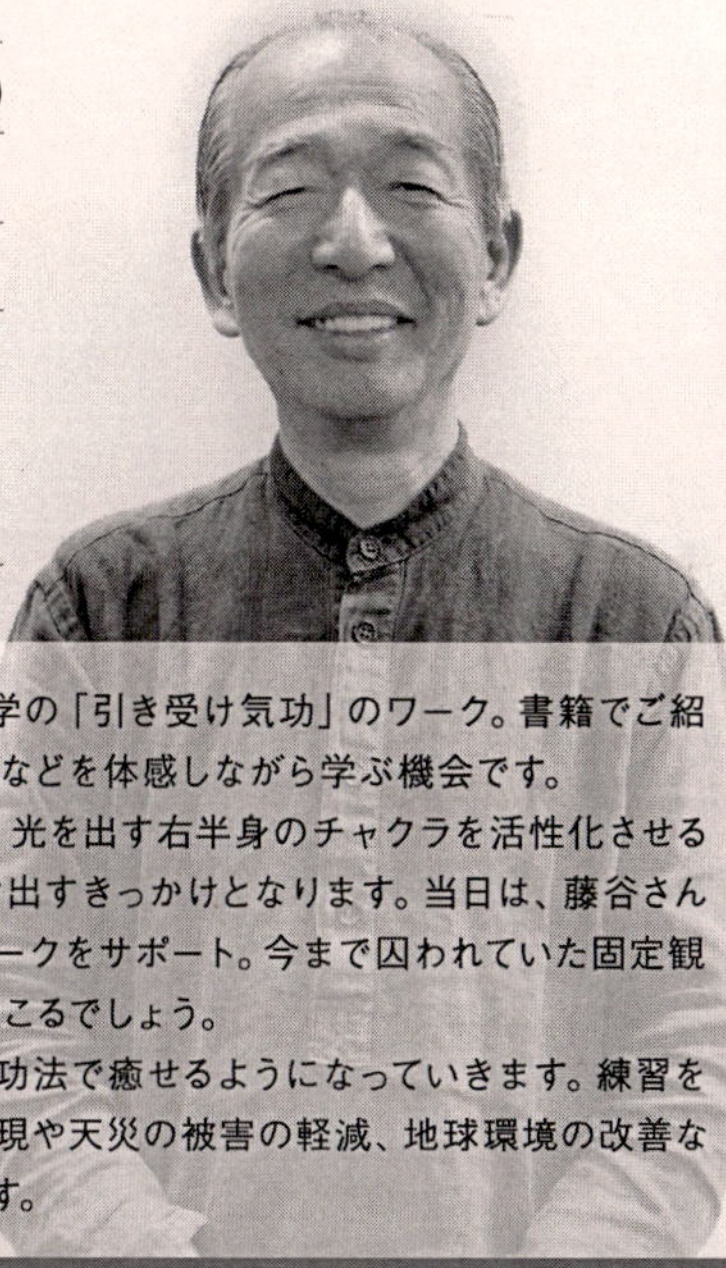

時間　10:00～17:00（開場9:45）

定員　各50名

料金　6000円（税込）

会場　11月5日 JMAスペース
東京都品川区西五反田2-23-1
スペースエリア飯嶋２階
各線五反田駅徒歩10分
3月3日 東京都内予定

藤谷泰允さんによる引き受け人間学の「引き受け気功」のワーク。書籍でご紹介した、呼吸法や意識コントロール法などを体感しながら学ぶ機会です。

不調和な闇を引き受ける左半身と、光を出す右半身のチャクラを活性化させると、細胞が元気になり、生命力を引き出すきっかけとなります。当日は、藤谷さんと数名の引き受け気功の実践者がワークをサポート。今まで囚われていた固定観念から解き放たれ、大きな気づきが起こるでしょう。

また、気の流れが良くなり、この気功法で癒せるようになっていきます。練習を重ねると、健康面だけでなく、願望実現や天災の被害の軽減、地球環境の改善などにもアプローチできるようになります。

内容　気のエネルギーの波動チェック／宇宙の法則「タライ理論」／チャクラの開花と活性／表面意識と潜在意識のクリーニング／4次元の霊障の影響チェック／「霊魂」を天に返すチャクラ解放と活性化／数名希望者を募り、引き受け施療の体験など

今後のワークショップ情報はこちら▼

【お申込み】
ビオ・マガジン TEL：03-5436-9204

E-Mail：workshop@biomagazine.co.jp　HP：http://biomagazine.co.jp/fujitani/

ルできる自分になりたいのです」

拒食「私は食事をするたびに太ってしまう自分が、嫌でつらくてたまりません。不安で怖くてどうしようもないのです。1日も早くこの苦しみと拒食症を乗り越えて、食べ物のいのちに感謝できる自分になりたいのです」

うつ病、統合失調症、パニック障害

運命光転装置の手の中に、脳幹の前頭部と右脳の楔前部をイメージし、次のような闇ことばを想い吐き切りながらシャカシャカします。

「私はいつも不安や恐怖、自他の嫌悪や不信に悩み、現状から抜けることができないのです。この苦しみを他人にわかってほしいのに、それさえできない自分が悔しくてたまりません。このまま死んでしまいたい。そう想う自分が恥ずかしくてたまりません」

掃除ができない、ゴミ屋敷

運命光転装置の手の中に、左前頭葉をイメージし、次のような闇ことばを想い吐き切りながらシャカシャカします。

「私は後片付けや掃除ができない自分が嫌で苦しくてたまりません。もっと上手に後片付けや掃除ができるように早くなりたいのです」

潔癖ぐせ

運命光転装置の手の中に、右前頭葉をイメージし、次のような闇ことばを想い吐き切りながらシャカシャカします。

「私は自分の潔癖ぐせが嫌で苦しくてたまりません。ゴミや埃など、少々のことは氣にならない、大らかな自分になりたいのです」

アルコール依存、ギャンブル依存、薬物中毒症など

運命光転装置の手の中に、以上の症状をイメージし、次のような闇ことばを想い吐き切りながらシャカシャカします。

「アルコールやギャンブルや薬物に依存して逃避する自分が嫌で嫌でたまりません。それから解放されない自分が、苦しくてつらくてたまらないのです。しかし、私の苦悩をわかってくれない者には腹が立って歯がゆくてたまりません」

人間関係の悩みの実践例

人間関係がうまくいかない場合は、まず自分が相手に対する闇ことばを吐き切ったあと、次は相手に成り代わって、自分に対する闇ことばを吐き切ります。これにより、より早く調和が起こり、関係が修復されます。今までの例では暴力的な夫が急に優しくなったり、苦手な上司が転勤になったり、親切になったり、不思議なことが次々に起こっています。

夫婦関係

運命光転装置の手の中に、夫婦関係のトラブルをイメージし、次のような闇ことばを想い吐き切りながらシャカシャカします。

「夫(妻)が大嫌い！　何でいつもブツブツ文句ばかり言うのよ。いい加減にしてよ！もう我慢できないよ、このバカ野郎！　悔しくて歯がゆくてイライラするよ。あー、悲しい、つらい。もうこの家から出て行ってほしい。でも、こうして他人のせいにばかりして責め裁く自分も嫌で、苦しくて恥ずかしくてたまりません」

次に夫（妻）に成り代わって、自分に対する闇ことばを吐き切ってみてください。

結婚相手・恋人・良き友人がほしい

運命光転装置の手の中に、自分と他者の関係をイメージし、次のような闇ことばを想い吐き切りながらシャカシャカします。

「良き結婚相手（恋人・良き友人）が欲しいのです。このまま結婚相手がいない生活や独身生活はしたくないのです。このままひとりで生涯を過ごすのかと想うと、寂しくて寂しくて仕方ありません。でも、自分勝手で無責任で嘘つきの人とは出会いたくありません。誠実で想いやりがあり、金銭的にもしっかりとした人と出会いたいのです。しかし、欲しいとか嫌だとか言い訳ばかりする自分が何だか恥ずかしくてたまりません」

対人恐怖症、愛情不足、その他対人関係全般

運命光転装置の手の中に、愛情物質（オキシトシン）、幸せ物質（セロトニン）、右脳の楔前部をイメージし、次のような闇ことばを想い吐き切りながらシャカシャカします。

「私は自分に自信がなく、無氣力な自分が嫌で嫌で苦しくて、つらくてたまりません。もう死にたいほど生きていくのが苦しくてたまりません。もっと私のことを愛してほしい、わかってほしい、助けてほしい。でも他人を信じることができなくてつらいのです。1日も早くこの苦しみから逃れたくてたまりません。こんな自分が恥ずかしくてたまりません」

愛情物質・オキシトシンにはスキンシップやハグが有効。実行してみてください。

DV（暴力）をなんとかしたい

運命光転装置の手の中に、脳幹の前部をイメージし、次のような闇ことばを想い吐き切りながらシャカシャカします。

「なんで私をこんなにイジメる（暴力を振るう）の！　私が何をしたというの！　もうやめて！　我慢できない！　悔しくて歯がゆくてつらくて悲しくてたまらない！　これ以上イジメ（暴力）を続けたらもう許さない！　早くこの苦しみから逃れたい、早く乗り越えたいのです！　でも相手ばかりを責める自分が悔しくて、恥ずかしくてたまりません。また、○○さんに憑依霊がいたら引き受けますので天にお導きください」

これも相手に成り代わって、相手の闇ことばを想い吐き切ってください。

近所付き合いの悩みを解消したい

運命光転装置の手の中に、近所のトラブルをイメージし、次のような闇ことばを想い吐き切りながらシャカシャカします。

「音がうるさいとか、ゴミの出し方が悪いとか、近所の人から文句ばかり言われるのが嫌で嫌でたまりません。何でそんな些細なことで文句を言うのよ、もういい加減にしてよ。こっちだって我慢しているのよ。腹が立って腹が立って、もう我慢も限界。でも、このようにしか受け取れない自分も嫌で恥ずかしくてたまりません」

幸福感情を高めたい

運命光転装置の手の中に、愛情物質（オキシトシン）と右脳（楔前部）をイメージし、次のような闇ことばを想い吐き切りながらシャカシャカします。

「私は人生における出会いや出来事に対して、どうしても愛や感謝や喜びを実感することが少ないのです。もっと愛や感謝や喜びの想いを深めたい。でもその氣持ちを実体験できない自分が嫌で苦しくてたまりません」

嘘つきを直したい

運命光転装置の手の中に、脳の左右にある側坐核《そくざかく》、背外側前頭前野《はいがいそくぜんとうぜんや》をイメージし、次のような闇ことばを想い吐き切りながらシャカシャカします（側坐核、背外側前頭前野については、京都大学こころの未来研究センター阿部修士博士の論文を参考にしました）。

「私はこれ以上、自分にも他者にも嘘をついたり、だましたりしたくないのです。また私に嘘をつき、だます相手も恨めしくて憎くてたまりません。だまし、裏切りの世界から一刻も早く逃れたいのです。嘘をつく自分や他人を一刻も早く修復させたいのです」

失恋・離婚の苦しみを乗り越えたい

運命光転装置の手の中に、失恋・離婚の苦しみをイメージし、次のような闇ことばを想い吐き切りながらシャカシャカします。

「○○さんのことをこんなに好きだったのに！　こんなに愛してきたのに！　こんなに我慢して耐えてきたのに！　私の想いを裏切るなんて本当に許せない。恨めしくて歯がゆくて憎くて悲しくてたまりません。でも、相手ばかり責め、裁いている自分も嫌で苦しくて恥ずかしくてたまりません」

争いや裁判を早く解決したい

運命光転装置の手の中に、争いごとをイメージし、次のような闇ことばを想い吐き切りながらシャカシャカします。

「財産分与や権利のことや交通事故などのことで、自分の都合ばかり押しつけてくる相手が嫌で悔しくて歯がゆくて憎くてたまりません。何でもっと私（たち）のことも考えてくれないの。いい加減にしてほしい。許さない。でもこんな争いや裁判は早く解決してほしい。もう苦しみたくない。1日も早く解放されたい。こんな争いや裁判を続けている自分が情けなくて、つらくて悲しくてたまりません。また、こんなことで相手を嫌い、恨み、憎しみにとらわれる自分を見るのも嫌でつらくて、恥ずかしくてたまりません」

お互いさま（喧嘩両成敗）の精神で、相手に成り代わって闇ことばを吐き切りましょう。

愛する人やペットとの別れから立ち直りたい

運命光転装置の手の中に、愛する人やペットとの別れをイメージし、次のような闇ことばを想い吐き切りながらシャカシャカします。

「私は大切なあの人（ペット）と別れることが苦しくて、つらくて、悲しくて、寂しくて、もう耐え切れないのです。一緒にいるときに、もっと親切に、もっと感謝して、もっとあの人やペットの氣持ちをわかってあげたらよかったのに、それもできなかった私が悔しくて歯がゆくてたまりません。もう一度あの人（ペット）に会いたくて会いたくてたまりません。1日も早くこの苦しみを忘れたいのです」

学校生活が合わない（いじめ、不登校の悩み）

運命光転装置の手の中に、いじめや不登校をイメージし、次のような闇ことばを想い吐き切りながらシャカシャカします。

「私は学校の授業や人間関係に疲れて、つらくて苦しくてたまりません。英語や数学が苦手でちっとも頭に入ってこないのです。もっと点数が上がればうれしいのに、そうなれない自分が嫌で悔しくて歯がゆくてたまりません。そして、人を差別して私をいじめるあの人が大嫌いです。でも本当はもっと人間関係を良くしたいのに、それもできない自分が嫌でたまりません」

その他、生活上のさまざまな悩みの実践例

事故や交通事故・犯罪の不安をなくしたい

運命光転装置の手の中に、脳幹の前頭部と事故、犯罪をイメージし、次のような闇ことばを想い吐き切りながらシャカシャカします。

「私は交通事故や犯罪のことを想うと心配で不安で怖くてたまりません。最近、いろいろな交通事故や犯罪が多いので巻きこまれたくないのです。交通安全で平和な人生を生き通したいのです。でも、不安と恐怖に堕ちる私が嫌で恥ずかしくてたまりません」

お金が欲しい

運命光転装置の手の中に、お金がない苦しい状態をイメージし、次のような闇ことばを想い吐き切りながらシャカシャカします。

「お金が足りなくて生活が苦しくて、不安で心配でたまりません。本当はもっとお金が欲しいのです。これ以上借金に苦しみたくないのです。でも、自分は貧乏な運命とか、お金があるから人が不幸になるという想いも消えないのです。お金を欲しがる自分が恥ずかしくてたまりません」

会社経営がうまくいかない

運命光転装置の手の中に、経営不振の会社の状態をイメージし、次のような闇ことばを想い吐き切りながらシャカシャカします。

「会社経営がうまくいかなくて、苦しくて心配で不安でたまりません。今後の事業経営のことを想うと、心配で不安で怖くてたまりません。事業経営をもっと良くしたいのです。もっとお金があって事業経営が安定すれば、私（たち）以上に苦しいところを応援できるのに、それもできない自分が悔しくて歯がゆくて情けなくてたまりません。でも、お金が欲しいとか、貧乏を嫌い、事業経営の不安恐怖に陥る自分が恥ずかしくてたまりません」

若さが欲しい、美しくなりたい

運命光転装置の手の中に、現実の状態をイメージし、次のような闇ことばを想い吐き切りながらシャカシャカします。

「だんだん老けこむ自分を見るのが嫌で嫌でたまりません。もうこれ以上年を取りたくないのです、もっと若く、もっと美しくなりたい！　でも都合のいいことばかり願う自分が恥ずかしくてたまりません」

やせたい、太りたい

運命光転装置の手の中に、現実の状態をイメージして、次のような闇ことばを想い吐き切りながらシャカシャカします。

「私はこんなに太った（やせた）自分が嫌で嫌でたまりません。もっとやせたい（もっと太りたい）、食べてもやせる（食べたら太る）体質になりたいのです。でも、都合のいいことばかり考えてしまう自分が恥ずかしくてたまりません」

学習能力や受験のこと

運命光転装置の手の中に、学習能力や受験のことをイメージして、次のような闇ことばを想い吐き切りながらシャカシャカします。

「私は受験のことを想うと自信がなくて、また落ちるのではないかと不安で心配でたまりません。１日も早く合格して、一生懸命勉強して卒業し、社会のためになりたいのに、それができない私自身が悔しくて切なくてたまりません。それに欲しいとか嫌だとか想う自分も恥ずかしくてたまりません」

「この苦手な科目があるから嫌なのです、しかし、点数がもっと上がってほしいのです」

親が子供に成り代わってシャカシャカするだけで、多くの子供たちの点数がビックリするほど上がっています！

就職のこと

運命光転装置の手の中に、就職したい仕事をイメージし、次のような闇ことばを想い吐き切りながらシャカシャカします。

「私は生活のためにも社会貢献のためにも就職したいのに、良い仕事に出合えない自分が嫌で苦しくてたまりません。1日も早く良い仕事に就きたいのです。会社でいい成績を上げて、できるならば独立したいのです。でも、できない言い訳ばかりする自分が恥ずかしくてたまりません」

前世（過去世）の闇（悪）因縁から逃れたい

運命光転装置の手の中に、前世の闇因縁をイメージし、次のような闇ことばを想い吐き切りながらシャカシャカします。

「私の人生がいつも苦しくてつらくて歯がゆいことばかり起こるのは、前世（過去世）の闇（悪）因縁ではないかと想うと、つらくて苦しくて悲しくてたまりません。一刻も早くこの闇（悪）因縁から離れたいし、逃れたいのです。でも、苦しい原因を前世（過去世）のせいにするこんな自分が嫌で恥ずかしくてたまりません」

食品添加物や日用品に含まれる化学物質が心配

合成シャンプーや薬・化粧品、飲み物や食品中の食品添加物など、日常使ったり、口にするものには化学物質が多く含まれています。こうしたものに対して不安を感じる人もいるでしょう。これもクリーニングできます。

運命光転装置の手の中に、自分や家族、動物たちの食べ物や、以下のような生活日用品をイメージします。発ガン性物質、アレルギー物質、添加物、防腐剤、トランス脂肪酸、飲み薬、目薬、化粧品、残留農薬、洗剤、眼鏡、コンタクトレンズ、補聴器、スマートフォン・携帯電話、パソコン、テレビ、電子レンジなどの電磁波など。

そして、次のような闇ことばを想い吐き切りながらシャカシャカします。

「私（代表）がこれからいただく食べ物や、生活日用品の薬害や電磁波などの毒性が消え、安全で安心な生活日用品になってほしい。身体に良い物になってほしいのです！」

電化製品・カメラ・車など故障や不調のとき

運命光転装置の手の中に、これらの物品をイメージし、次のような闇ことばを想い吐き切りながらシャカシャカします。

「もう一度復活してほしい、良くなってほしい」

コンピュータのウイルス対策、ハッカー対策としても行なってみてください。

社会・世界・環境等の問題の引き受け例

新聞などマスコミに対して

運命光転装置の手の中に、新聞、テレビ、インターネット情報をイメージし、次のような闇ことばを想い吐き切りながらシャカシャカします。

「新聞などのマスコミに、嘘の情報や暗い事件や事故のニュースばかり出してほしくないのです。皆が感動するような明るい情報をもっと流してほしいのです」

政治・経済・教育に対して

運命光転装置の手の中に、それらのことをイメージし、次のような闇ことばを想い吐き切りながらシャカシャカします。

「政治・経済・教育に対して、不満や怒り、責めや不信があります。もっと良い政治や経済、教育をしてほしいのです。お願いします」

他国に対して

運命光転装置の手の中にその国をイメージし、次のような闇ことばを想い吐き切りながらシャカシャカします。

「〇〇の国に対して不満や怒り、責めや不信があります。わが国の悪口を勝手に言ってほしくない。もっと協力関係をつくってほしいのです」

自然破壊、環境汚染、地球の危機

運命光転装置の手の中に、地震、津波、台風、突風、竜巻、ハリケーン、火山の爆発、集中豪雨、豪雪、土砂崩れ、川の堤防決壊、雪崩、PM2・5、黄砂の汚染、酸性雨、酸性雪、排氣ガス、ばい煙、放射能残留、農薬毒素・化学肥料、メタンガス、地球軸の歪み、地球温暖化、異常な海水温度、菌・ウイルス・カビ・虫、異常なα波・β波、有害紫外線、有害電磁波、隕石落下、オゾンホール消滅、太陽の爆発（フレア）、などをイメージします。

これらはすべて人類が地球、宇宙に残留させてきた闇エネルギーによって起こしている影響がかなりあると想定できます。ですから、意識クリーニングできるのです。

「これらの自然破壊の状態のことを想うと、人間の欲望がいかに身勝手かがわかり、恥ずかしくてたまりません、もっと自然環境が良くなってほしいのです。このままでは将来のことが不安で怖くてたまりません」

このような闇ことばを想い吐き切りながらシャカシャカします。

害虫、害鳥、害獣から益虫、益鳥、益獣へ

運命光転装置の手の中に、蚊、ダニ、ゴキブリ、シロアリ、ヒアリ、スズメバチ、カラス、ハト、ネズミ、サル、イノシシ、クマ、毒ヘビなどをイメージし、次のような闇ことばを想い吐き切りながらシャカシャカします。

「これらの生き物たちが被害を与えるから嫌なのです。排除したり殺したりも、できるだけしたくないのです。これ以上悪さをしないでください」

（自然界は、嫌うと害するメッセージを出し、引き受けると味方のメッセージを出しま

す。）

天変地異に対して

運命光転装置の手の中に、地震や津波、集中豪雨などをイメージし、次のような闇ことばを想い吐き切りながらシャカシャカします。

「地球から宇宙まで、今後の天災や自然破壊のことを想うと、不安で心配で怖くてたまりません。大きな地震と津波や集中豪雨などには来てほしくないのです。地震や災害は小刻みに来てほしいのです」

霊界の闇世界引き受け

運命光転装置を使って肉親の供養を行なうこともできます。

東北では、17年前に交通事故で他界した弟が実姉の夢枕に立って「お姉ちゃん、軽くなったよ。有り難う」と言い、関東では16年間アルコール依存症に苦しんでいた奥さんが回復して社会復帰されました。

①肉体先祖の意識クリーニング作法

まず供養を行ないたい人と繋がることをイメージします。

「私のお父さん、お母さんの肉体先祖と繋がりました」

「私の夫、妻（元夫、元妻）のお父さんとお母さんの肉体先祖と繋がりました」

「子供の配偶者のお父さん、お母さんの肉体先祖と繋がりました」

「私（代表）に繋がっている肉体先祖の意識クリーニングを始めます」

「私（代表）に繋がっているご先祖の中に、苦しみ、悲しみ、憎しみなどで魂の闇の世界におられる方がいらっしゃいましたら、引き受けますので、光の世界『天国』にお導きくださ い、お願いします」などと想い吐き切りながらシャカシャカします。

最低5分以上はしてください。時々で結構です。

②この地上界の近くで迷っている「魂」の意識クリーニング作法

「私（代表）に繋がっている人や宅地建物に迷っている魂が地縛、浮遊していたら引き受けますので、光の世界（天）にその「魂」をお導きください」と天に願いシャカシャカします。

死後の世界のことはあまり認識されていませんが、人間も永遠の生命であり、魂の世界（あの世）は必ずあります。幽体離脱をした人は皆、天上から自分の身体を見たと言っています。霊糸線（シルバーコード）が切れていないので、自分に帰ってくることができたのです。

人間は死ぬと、三途の川や花畑を見ながら魂の世界へ行き、そこで生まれてから死ぬまでの「走馬灯」を見て振り返りをします。その後、四次元の門をくぐり「反省」のときを経て、魂の世界での行き先が決まるのです。

最近は、特に医学と科学の分野が目覚ましい発展を遂げています。例えば、蚊で感染するマラリア症を予防するため、カルフォルニア大学のアンソニー特任教授は「遺伝子ドライブ技術」という最先端の研究をしています。

異次元（霊界）のことも、サイエンスの立場で証明されつつあります、時代は進化しています。

２０１１年、東大医学部教授の矢作直樹先生が、魂の存在をテーマにした『人は死なない』（バジリコ）を出版されました。また、『ニューズウイーク』２０１２年12月号には、アメリカの著名な脳神経外科医師エベン・アレグザンダー氏が、自身の脳障がい体験を通して魂世界の存在を証明しています。

また『喜びから人生を生きる！』（ナチュラルスピリット）の著者アニータ・ムアジャーニ氏は、著書の中で、末期ガンで魂世界に行ったときに自分を責めていた人が苦しみの世界にいた、と記述しています。ＹｏｕＴｕｂｅに動画もアップされていますので、ご覧になってみてください。

第5章

［実践編Ⅲ］日常生活の指針と健康法

運命光転のための人生の羅針盤

引き受け人間学の実践においては、毎日の意識クリーニングとともに、日々の生活の送り方も重要となります。日常生活の指針（羅針盤）として心に留め置いてほしいこと、それは「調心・調息・調身・調水・調食」の5つです。心を整える、呼吸を整える、姿勢を整える、飲み水を整える、食事を整えるということです。

以下、それぞれについて説明していきましょう。

調心〜想いが現実を引き寄せる

「想えば良くも悪くも叶う」という言葉がありますが、その通りなのです。

引き受け人間学では、前章でご説明した「光ことば（ポジティブ）意識コントロール」と「闇ことば（ネガティブ）意識コントロール」の2つによる「調心」を提案しています。

＊光ことば（ポジティブ）意識コントロール

日常生活においては、光ことばと光イメージを使ってください。

日頃使う言葉は非常に重要です。たとえば睡眠不足のときは「私は2〜3時間寝れば十分です」と想って4時間以上寝ます。そうすると、脳には「2〜3時間で十分なのだ」とセットされます。そこにプラスアルファの睡眠が入るのですから、脳は「十分なうえにも十分な睡眠時間を取ることができた」と想いこむわけです。

同じように、体調が心配な人、不安に陥りやすい人は、85ページからの「光ことばと光イメージ」を使って、健康で明るい人生をつくっていきましょう。

また、以下の光ことばを使うとチャクラが活性化されるので、試してみてください。この順番につぶやくことで、氣が下から上に上昇し、身体中がエネルギーで満たされます。

「好きにはなれませんが、これ以上は嫌いません」（尾骨のチャクラ）

「いのちはひとつ、世界はひとつ」（下腹部のチャクラ）

「不安でいい怖くていい、でもこれ以上、不安、恐怖には落としません」（みぞおちのチャクラ）

「今日もいい日だ、有り難うございます」（胸のチャクラ）
「私も愛呆、みんなも愛呆、それでいいのだ」（喉のチャクラ）
「ごめんね、有り難う、愛しています」（脳幹のチャクラ）
「ピンチをチャンスへ、引き受けます」（頭頂のチャクラ）
「天地宇宙よ、私たちをお使いください」（天のチャクラ）

いつつぶやいてもかまいません。氣がついたときにつぶやいてみましょう。ただし、光ことばですから、シャカシャカしないでください。

＊闇ことば（ネガティブ）意識コントロール

他人を責めてはいけない、怒ってはいけない、愚痴はよくない、他人を疑ったり悪口もよくない……。皆さまもそうだと想いますが、私も両親や学校の先生からこんなことを言われて育ちました。しかし、ついつい他人を責めてしまい、言い訳をしながらも同時にそんな自分を責め、自他不信に陥ったこともありました。

そして結婚したある日、私は妻の罵倒を受けました。そのとき、罵倒する妻に対して「好きにはなれませんが、これ以上は嫌いません」と不規則正しい不思議な言葉が自分の内側（心）から飛び出したのです。我ながら「究極の光ことば」だと想います。

それ以来、私は妻のことを「罵倒観音さま」と呼んでいます。ほかにも「怒り観音」「嘘つき天使」「愚痴観音」「傲慢天使」「言い訳観音」などなど、皆さんの周りにもいませんか？（笑）

さあ、他に類を見ない究極の運命光転のスタートです！

第3章で述べた**「瞬間意識クリーニング」「なるほどキャッチボール」「しこたま意識クリーニング」の3つで、人生のピンチをチャンスに変える**ことができます。

調息〜呼吸で若返って元氣になる

呼吸法のことです。**ポイントは「吐いて」から「吸う」こと。**まず吐くことに集中することが大事です。「身心一如」という言葉がありますが、「身体」と「心」は呼吸でつながっています。息を長く吐く、そして笑うことで身心ともに元氣になるのです。

正しい呼吸は意識的に息を長く吐くことです。できるならば、**口より鼻から吐き出したほうがいい**でしょう。

人は誰しも「おぎゃあ」と生まれた誕生のときは「息を吐いて」生まれ、死去するときは「今、息をお引き取りになられました」と息を吸ってこの世を去ります。長生きは「長く息を吐く」ことにもなります。

水泳のときの息継ぎも、吐くことだけを意識すれば、自然と吸うこともできるものです。散歩、スポーツ、カラオケなどのときも「息を吐く」ことに意識を集中させましょう。ため息、すすり泣き、怒りのときは、誰でも息を吸うものです。これは運命（人生）を暗転させます。反対に「笑い」、他人の喜び・悲しみにともに「泣く」ときは「息を吐く」ものです。これは運命（人生）を光転させます。

「吐く」「笑う」「共感して泣く」を意識して行なうことで、脳が吐くことを記憶し、無意識のうちにも吐くことができるようになります。ここまでできたら「呼吸法の達人」といえるでしょう。

＊正しい呼吸法

お腹をへこませながら息を長く吐きます。その後に息を吐き切って、お腹をポンと元に戻すだけで自然に息を吸っています。このとき、意識的に息を吸わないでください。この繰り返しです。

慣れないうちは、ハミング、または「あーいーうーえーおー」「AーBーCーDーEーFー」などと声を出しながら息を吐く訓練をするといいでしょう。

息を長く吐くことで自律神経が調和され、その結果、肛門と両脇も閉まり、生命力が上昇します。自律神経は、5本の指のうち、薬指は交感神経に繋がり、他4本の指は副交感神経に繋がっています。よって、息を長く吐きながら、左手から右手の順に5本の指の先をよく揉むと、さらに効果が大きくなります。

この呼吸法を続けるうちに自律神経が整ってきます。

また、息を吐き、笑うことで、脳内(光)のβエンドルフィン(幸福感をもたらす物質)、セロトニン(精神を安定させる物質)、オキシトシン(愛情をつかさどる物質)や、副腎から成長ホルモンが出て、人生と生命力がアップします。

＊呼吸法の達人

「闇を腹の底に引き受け吸いこみ、腹の底から光を出します」と想い、息を長く吐いてください。

常に腹式呼吸で息を長く吐いている人は、もはや「呼吸法の達人」。私の場合、この呼吸法を実践し続けて、今や1分間の脈拍数が45～50回ほどになっています。これは、超一流のスポーツ選手の心臓と同じです。40歳前後のときには、腹式発声法でカラオケを5時間66曲歌ったこともありました。ボーリング場で、腹式で息を吐きながら5時間39ゲームを投げたこともあります。

調身～小さなことの実践が大きな未来に繋がる

生活態度・身の回りのことです。

身近なことから整えれば人生が変わります。以下に箇条書きであげておきましょう。

・お尻を引き上げるつもりで、背骨をまっすぐに伸ばします。正座（両足裏を揃える）と両手首、両足首のぶらぶら運動がお勧めです（両方ともイメージでもできます）。

・歩行や衣服の着脱は、左が先、右が後。この順序で行ないます。

・敷布団はやや硬めのものを。睡眠中に寝返りをしたとき、背骨をまっすぐに矯正してくれます。逆に掛け布団は軽めのものを。硬い枕を使用するときは、首の下にバスタオルを丸めて高さを調整するのがお勧めです。
・脱いだ靴は前向きに揃え、車の車庫入れはバックで。基本的に何でも「前向き」を意識して生活しましょう。
・ゴミを拾い、便器・洗面所などは使ったらきれいに拭く。身の回りは常に整理整頓を心がけ、掃除をしましょう。
・「やらなくてはいけないこと」を後回しにしないこと。また、他人のせい、社会・環境のせいにするのもやめましょう。
・約束は守りましょう。できない約束はしないことです。
・MY箸を持ち歩き、電氣・水道の無駄を省きます。
・笑顔であいさつ！　感謝・感動の心を忘れないこと！

調水～身体にいい水で体毒を流す

飲み水のことです。私たちの身体の約65～70％は水でできています。身体に水不足が生じると、アレルギー、痛み、うつ症状などを招く傾向にあります。

さらに、水が不足すると代謝が悪くなり、体毒が排泄できず、生命力・免疫力が低下するともいわれています。**体毒を洗い流すためにも、身体にいい水をしっかり摂りましょう。**

私たちは、特定の水を勧めることはしません。あなたの両手の平（運命光転装置）の手の中で調和水をつくって飲んでみてください。

細胞膜にはアクアポリンという「水の通り道」があり、ここから水分を取りこんでいます。若いうちは新陳代謝がさかんでどんどん水を取りこめるのですが、老化するにしたがって、水を取りこむ能力が衰えてしまうのです。

＊調和水のつくり方

あなたの両手の平の中に自分や家族、動物の飲料水や飲み物、灌水用の水やその他の生活用水があることをイメージします。

「私（代表）がこれからいただく飲み水や飲み物、シャワー水、風呂水、便器洗浄水、洗濯水などの毒性が消え、安全で身体の病氣や汚れを洗い流し、生命力を引き出す調和水になりますように、お願いします」

と想いながら、5～6分間シャカシャカしてください。

人間や動植物が喜び、地球環境を守る調和水になります。この手作りの調和水は、遠方の人のためには、遠隔施療と同様に遠隔操作でつくれます。ただし、排尿の頻度が多くなるかもしれません。

進行性ガンを患った兵庫県の山上さんは、2ℓの水を1日3回、1分間で一氣に飲んでいました。また、進行性甲状腺ガンを患った村上さん（186ページ参照）は、1日6ℓの水を飲みました。現在、お2人共に元氣でおられます。病氣の癒しには、いかに水が大切であるかを証明された素晴らしい実践者です。

調食～食は命の源泉

食は大事です。胚芽米、山菜、海藻、食物繊維の多い野菜、青魚、発酵食品、卵などの食材を積極的に摂りましょう。

栄養素としては、たんぱく質をしっかり摂りましょう。たんぱく質は身体をつくる大事な栄養素です。食事から十分なたんぱく質を摂らないと、肝臓が無理をしてたんぱく質を製造し、その結果、解毒など、ほかの肝臓の仕事が十分に機能しなくなる恐れがあります。

食物繊維も大事です。食物繊維は腸内環境を整えてくれます。食物繊維が不足すると、精神を安定させる物質セロトニンや睡眠に関わる物質メラトニンが十分につくれません。

特に、納豆は血液さらさら、海草はマグネシウムが多く生命力アップ、ネギはセレンが多く水銀の排出、もやしは血中アンモニアなどの排出に効能があると言われています。

さらに重視していただきたいのは塩です。精製された食卓塩ではなく、海水のミネラルがそのまま含まれる「海水塩」をお勧めします。

海水の主成分は、塩化ナトリウムとにがり（塩化マグネシウムを主体としたミネラル）です。現代人はナトリウムを摂り過ぎる一方、マグネシウムやカルシウム、亜鉛などが不足しがちで、ミネラルのバランスが崩れています。**ミネラルをバランスよく摂取するためにも、海水塩はとても効果的**です。

食油にも注意しましょう。最近ではトランス脂肪酸の問題が大きくなっています。トランス脂肪酸はショートニング、植物油、マーガリンなどに多く含まれ、動脈硬化や心臓疾患、脳疾患、アトピーやアレルギーを引き起こす要因となります。市販の加工食品にも多用されており、なかなか避けるのは難しいので、ぜひ124ページ〈食品添加物や日用品に含まれる化学物質が心配〉を参考にシャカシャカしてみてください。

ただ、食べ物はあまり神経質になったり、「こうでなければならない」と強迫観念を持ってしまうと、かえって健康に悪いのです。生命をいただくことの感謝（報恩）を忘れずに、おいしくいただくことが一番大事です。このことで善玉菌に日和見菌が加勢して、悪玉菌と調和され、腸内が「平和」になるのです。

また最近は、「1日1食」や「不食」がブームのようですね。私もほぼ、1日軽く1食です。40歳のときには、夏の55日間、1日約12時間施療及び引き受けセミナーをしながら、断食したこともあります。体重は8kg減少しましたが、空腹感は全くありませんでした（就寝前にビール大瓶1本だけは睡眠薬として飲みましたけど！）。

引き受けの実践により、大調和エネルギーに満たされ、お腹が空かないのです。食糧難になっても安心です。皆さんもぜひ体験してみてください。

自然治癒力を最大限に引き出す引き受け健康法

ここでは皆さまをもっともっと元氣に輝かせる健康法を伝授しましょう。健康法といっても、病氣やケガだけを対象としているのではありません。心の問題も癒すことができるのです。

人間には自分を治癒する力が備わっています。医師やさまざまな治療の専門家はあくまで「癒す手伝いをしてくれる」だけで、治すのは本人の力なのです。

引き受け健康法は、この自然治癒力を最大限に発揮させるための方法です。

病氣は自分でつくったものだから自分で癒せる

自然治癒力を最大限にするためには、意識クリーニングと息を吐くことが基本です。身体と心に命のエネルギーを送りこむために、「潜在意識」をクリーニングするのです。そのためには、顕在意識の部分でも現状を認め、受け入れることから始めないといけません。

病氣は悪いことだとか、前世の悪因縁だとか判断しないで、病氣に対し、「ごめんね（反省）、有り難う（感謝）、愛しています（癒し）」という氣持ちを持ちましょう。**病と闘うのではなく、病を癒す**のです。

自分でつくったものだから、自分で癒すことができるのです。

自分が氣づいて意識クリーニング（脳、心、魂）すれば、病氣や事件や事故に出合った意味が理解できるのです。ただ苦しむだけの生き方はもう卒業しましょう。

ここでご紹介するのは、引き受けセミナーにおける施術経験と、徳島県の内藤先生のツボ情報によって生み出された「ＹＡＳＵオリジナル健康法」です。

簡単ツボ押し健康法

やり方は簡単。ツボを押すだけでＯＫです。以下の６つのツボを押し揉みながら、「引き受けているから元氣になった。大丈夫です」などと光ことばを想いながら実践してみてください。このとき、左手は病氣を引き受ける、右手は元氣を出すイメージで、各ツボを押し揉んでもいいでしょう。１４９ページにはツボの位置を図解で紹介しています。

ただし他人に伝える場合は、医師法に触れないように注意して表現してください。

①心臓や自律神経のツボ

左右のひじの内側、小指から下ろしたラインにある「少海《しょうかい》」というツボをしっかり揉みほぐしてください。ここを刺激することで、ANPという、心臓から分泌されるガン癒しのホルモンが出ると言われています。ANPはガン転移を予防する効果があるとして、近年とても脚光を浴びているホルモンです。

②腎臓のツボ

両足裏の中心よりやや上側にある「湧泉《ゆうせん》」というツボをしっかりと押しましょう。腎臓にいい影響を与えるツボです。足の疲れも取れます。

③肝臓のツボ

右手中指の根本のツボをしっかり揉むと、肝機能が元氣になると言われています。

④頭痛（肩こり）のツボ

両手の平を後頭部にあて、両親指は顎の下に両中指をぼんのくぼのツボにあてて、息を

〈ツボの位置〉

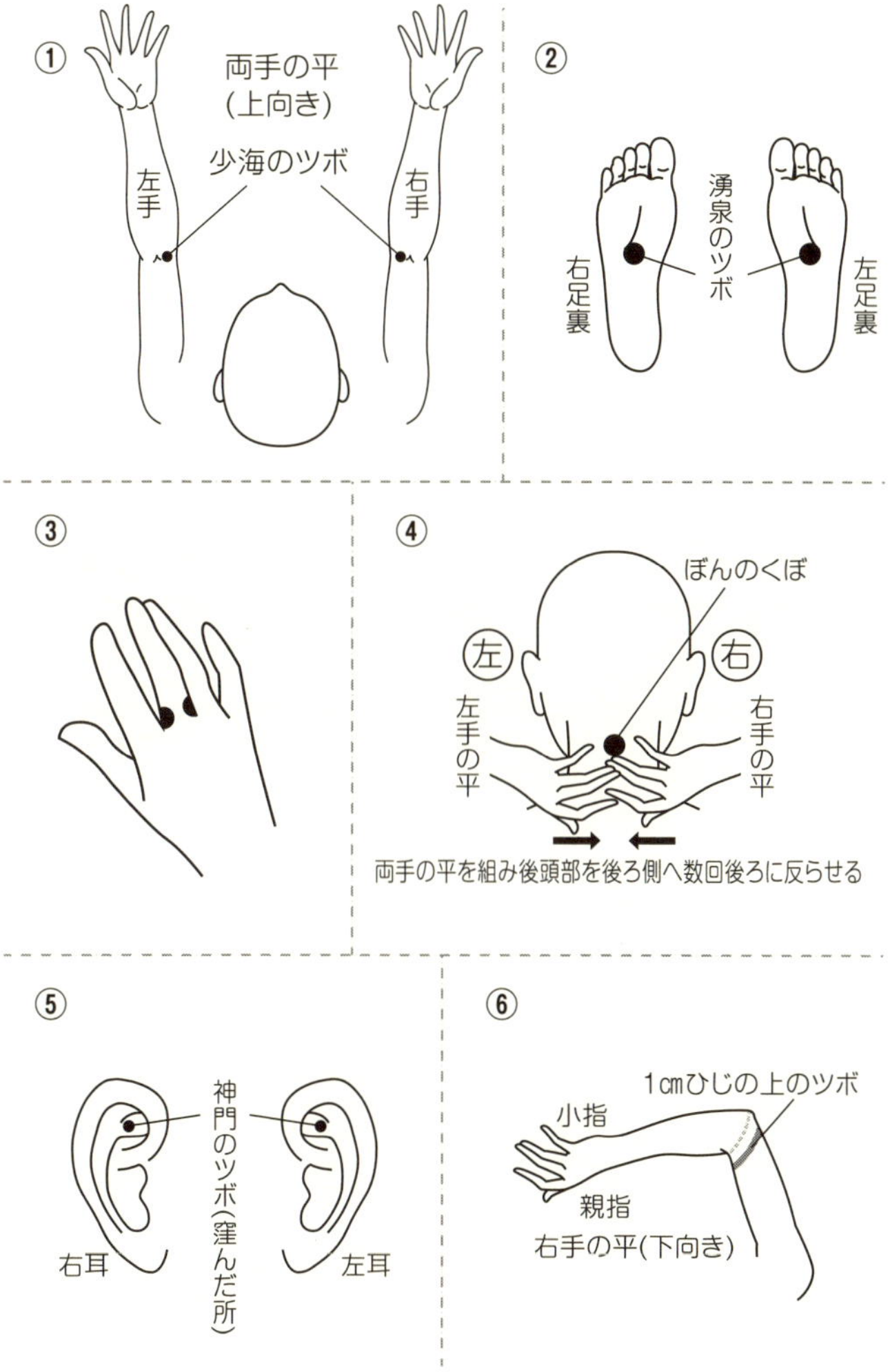
①
両手の平
(上向き)
少海のツボ
左手
右手
②
湧泉のツボ
右足裏
左足裏
③
④
ぼんのくぼ
左
右
左手の平
右手の平
両手の平を組み後頭部を後ろ側へ数回後ろに反らせる
⑤
神門のツボ(窪んだ所)
右耳
左耳
⑥
1㎝ひじの上のツボ
小指
親指
右手の平(下向き)

吐きながら頭部を後ろに反らすことを数回繰り返してください。左手で病氣を引き受けて、右手で元氣を出します、と想いながら行ないましょう。

⑤視力回復や肩こりのツボ

両耳の上部のくぼんだところに「神門《しんもん》」というツボがあります。この部分を親指と人差し指（または中指）で内側と外側からはさみ、耳を揉みながら、ななめ上に数回引っ張り上げます。

⑥糖尿症のツボ

右手のひじの外側、人差し指から下ろしたライン上の、ひじから指1本分上にあるツボをしっかり揉みほぐしましょう。インスリンと関係の深いツボです。

引き受け元氣体操

引き受け元氣体操は、複式呼吸で息を吐きながら身心共に元氣になれる一石二鳥の方法です。朝、この体操を行なうと、1日がとてもさわやかに氣分よくスタートできます。

簡単で誰でもできる体操ですが、続けるうちに、身体が引き締まり、スタイルが良くなります。また筋肉がつくので、疲れにくい身体になり、体力もついてきます。

この体操もあなたが、家族や知人、動植物の（代表）になり、次の要領で実践します。153ページの図も合わせて参照してください。

①私（代表）が、人類と世界の動植物の底にいながら天と向き合い、両手を繋いでいるところをイメージします。

胸の前で、両手の平（7〜8センチ）の中にある小さな太陽と分身である私（代表）の小人をイメージします。

②次に、できる限り複式呼吸で、鼻または口から息を吐きながら「左手の平で病氣を引き受けます、右手の平で元氣を出します」と想い、両手こぶしを外側から胸の中心に持ってきます。

このとき、小さな太陽（朝日）と小人が天の大調和エネルギーに昇るイメージをします。

③両手こぶしを左右外側に振り落とします。

このとき、お腹をポンと突き出して自然に息を吸います。これを繰り返します。そのときにも「シャカシャカ」と同じく、「元氣になりたい」「〇〇の病氣が治ってほしい」など、闇ことばを想い吐き切ります。

④椅子に座っているとき、立っているときも同じように、両手こぶしを胸の中心で合わせ、息を吐きながらかかとを上げて、両手こぶしを左右外側に振り下ろします。

このとき、お腹をポンと出して、かかとを床に下ろします（ここは、あまり無理しないように！）。

病氣の原因は、闇のウイルス、菌、カビや虫、花粉などによることが多いので、それらがあることを想ってください。その他、ケガ、やけど、骨折がある方はその患部をイメージしてください。

次いで、あなたが他者に成り代わっての体操もしてみてください。

〈元気体操〉

第6章

引き受け人間学・なんでもQ＆A

Q 心の中にある闇ことばを、本当に出していいのですか？

A もちろんです。引き受けシャカシャカには、恨み、つらみ、憎しみ、憎悪、嫉妬、悪口、陰口、どんな暗い想いでも吐き出して大丈夫です。むしろ本音を出さなければ意味がありません。遠慮せず、想いっきり本音を吐き切ってください。あなたの両手の平は「運命光転装置」であり、別名「闇浄化装置」ですから！

Q 「アイツなんか大嫌いだ、死んでしまえ！」「あのヤロー！」「バカヤロー！」「〇〇の国は大嫌いだ」など、こんなに汚い言葉を吐き切ってもいいのですね？

A いいのですよ、普段我慢して溜まっている闇想念が、暗い人生を現象化させているのです。

ですから、汚い言葉をいっぱい想い吐き切ってください。最初に「シャカシャカします」と想ってから、怒りと嫌悪を「出して、出して、出し切って」、和解と平和が欲しいと「吐いて、吐いて、吐き切って」と下から上に吐き切ってください。

「あの野郎この野郎、地獄に堕ちろ」「お前とはもう絶好だ、保険金をかけて崖の底に突き落としてやる」「〇〇の国は許さん」などと好きなだけ言いましょう。そのことで、自他

（世界）共々に光輝くのですから！

ただし、このときには光ことばは想わないでください。

Q 深刻な病氣で苦しんでいます。「闇ことばを吐き切る」といっても、病名を繰り返し口にすることで、どんどん病氣に引き寄せられるような氣がして落ちこんでしまうのですが、どうすればいいでしょうか？　また、他人の病氣を引き受けたら、逆に自分が病氣になりませんか？　それが心配なのです。

A その場合は無理に病名を言わなくてもいいのです。「病氣が嫌だ」「早く治りたい」「健康が欲しい」などと吐き切ればＯＫです。自分以外の場合でも、等しくその方に成り代わって闇ことばを想い吐き切りましょう。

他人の病氣を引き受けた場合、「作用・反作用の法則」（57ページ）でも述べたように、大きな闇を引き受けるほど大きな光がもらえますから、世界中の病氣を引き受けるほど、実は元氣になれるのです。病氣の右回転から元氣の左回転になりますので、それを信じて実践してみてください。

ただし、意識クリーニング・シャカシャカしていないときは、「病氣を引き受けているから元氣です」とか、明るい光の中にいるイメージをしてください。そして、不安になったら「引き受けます」、「イライラ」したら「引き受けます」と、すぐに心のお掃除をしてください。

Q 最近シャカシャカを行なっていると、感謝の想いがこみ上げてきます。運命光転装置に感謝の言葉を出すと不調和になるそうですが、感謝がこみ上げてきたときはどうしたらいいのでしょうか？

A 素晴らしいことです。意識クリーニングを続けるうちに、どんどん浄化が進み、自然と感謝や謝罪の念や恥ずかしい想いがこみ上げてくるものなのです。

そのまま自然にその想いを味わってください。意図的に行なっていることではないので、大丈夫です。

Q お金が欲しい、家が欲しい、宝石が欲しいなど、自分勝手な欲望を吐き切ってシャカシャカすれば、その願いがかないますか？

A 欲望は何でも吐き切っていいのです。「貧乏が嫌だ」「お金がない」「生活が苦しい」「家計が赤字で苦しくてたまらないので、お金が欲しい」「給料が上がってほしい」「宝石が欲しい」など、欲望をどんどん出します。

欲しい欲しいは闇ですからね。片っ端から浄化されていくのです。そうして、だんだんと欲求の想いが減ってきます。

その結果、病氣が元氣へ、不安が安心へ、失敗が成功へ、貧乏が豊かさへと変わります。

ただし「人事を尽くして天命を待つ」の言葉通り、結果に対しては天にお任せです。誤解のないように！

Q 意識クリーニングの時間は、どのぐらいをめどにすればいいですか？

A これは決まっていません。自分で好きなだけ行なえばいいのです。

ただ、1日2～3分程度ではなかなか効果が見込めません。最低でも5分から10分程度はやってください。それ以上は、長ければ長いほど結果が早く出ます。

「長くやりたいけれど、忙しくて時間がない」という場合、仕事中、運転中、周りに他人がいる場合などは、心の中で「シャカシャカします」と想って意識クリーニングをしてください。家事をしたり、テレビを見たりしていてもいいのです。91ページのしこたま意識クリーニングを参考にしてください。ただし、歩行中や運転中は安全に十分ご注意ください。

Q 悩みがいっぱいあります。病氣だけでなく、人間関係に仕事の悩みも抱えています。こういう場合はまとめていろいろ吐き切ってもいいのでしょうか？　それとも個別に行なったほうが効果がありますか？

A まとめて行なって大丈夫です。心にある闇を片っ端から吐き出しましょう。まとめて行なっても、個別に行なっても、効果は同じですから安心してください。
ただし範囲については、一個人、一組織、一国家などと、ひとつに絞ったほうが集中できていいでしょう。

Q 闇ことばの、特に汚い言葉を出すのに抵抗があります。両手の平の闇浄化装置には「病氣が治ってうれしいです」など光ことばを出してはいけないのですか？

A 個人的な汚い闇ことばを、無理に吐き切る必要はありません。そのときには、人類に成り代わって想い吐き切ってみてください、大きな闇は大きな光に変わりますので。

それでも、どうしても闇ことばを想い吐き切ることに抵抗があるならば、「元氣になりたい」「幸せになってほしい」など願望をつぶやくといいでしょう、これも立派な闇ことばですから。

このときに光ことばを出したから病氣になるとか、不幸になることはありませんが、光が強くなりすぎて不調和になります。シャカシャカの作法は「闇を光に変える」ことが目的ですからご理解ください。

Q 一生懸命に引き受けをやっているのに効果がありません。引き受けは本当に効果があるのですか？　あるいは、人によって結果が出たり出なかったりするのではないですか？

A 引き受けで良い結果が出ない場合、それには理由があります。先に悪いことが来ないようにと闇を押し返し、また良いことが来てほしいと願うと右回転で闇に落ちます。

これは多くの方が間違いやすいところなので注意してください。

人生、何があっても、まずは「なるほど」と受け止め闇を引き受けたときに、ピンチがチャンスになってやってくるのです。

Q なぜ自分が人類世界の「代表」をつとめなければいけないのでしょうか。私にはとても、人類を代表して闇を引き受けるなどという自信はないのですが。

A 大丈夫、あなたに全人類の責任を負わせようということではありませんから（笑）。意識クリーニングは、本書の図解（41ページ参照）にあるように、私（代表）が人類と地球宇宙の底にいて、すべての闇を引き受けることで、より大きな効果があるということです。

人類と地球宇宙のすべての闇を引き受けるのか、そこまでやるつもりになっているなら大きな光を与えよう、と天から一番大きな光をもらえるのです。

1の闇を引き受けたら1の光しか来ませんが、千の闇を引き受けたら千の光が来るのです。これは、天（宇宙）と人類の作用と反作用の約束であり、原則なのです。

Q 今日1日の作法は毎朝やらなければいけないのでしょうか。忘れてしまったらどうすればいいのでしょうか？

A やらなければいけないというより、1日が一生と想い、今日1日の作法を行なうようにしてください。こういうことは義務化してしまうと苦しくなるからダメです。

忘れても何ら問題はありません。忘れたときのために、目覚めのときの誓いに「明日の目覚めを想い出すときまで」（83ページ参照）の文言を入れているのです。2日も3日も忘れてしまうような場合は、「それでもいいですよ！」とは言いにくいですが（笑）。

Q 目覚めたときの実践を行なえば、改めて引き受けシャカシャカする必要はないのではないですか？

A 目覚めたときは天との誓いなのです。運命光転のためにはできる限り闇ことばを想い吐き切りながら、「しこたま意識クリーニング」を行なうことで浄化が早くなります。長い輪廻転生において残してきた闇のお土産ですから。

Q 大事に育ててきた子供が、最近、私に暴言を吐いたり暴力を振るうのです。本当に悲しくてたまりません。どのように引き受けたらいいでしょうか？

A まず、あなたの子供に対する闇の想いを正直にしこたま吐き出します。次に、子供になり代わり、闇の言葉を想定して「出して、出して、出し切って」と、しこたま意識クリーニングを実践してみましょう。

不思議な現象が起こりますので、諦めないでください。

Q 私は過去に悪いこともしてきたし、人を裏切ったこともあります。今でも闇をたくさん抱えた人間です。こんな人間が闇を光にできるはずがないと想うのですが、どうなのですか？

A はっきり申し上げて、それはとんだ想い違いです。

私たちは長い輪廻転生の中で闇（カルマ）を修正し、光（願い）にすることを人生の目的としてきたのです。すべてが自分と自分、自分と他者、自分と天との約束ですから、必ず人生を光転できます。

もっと自分を信じて生きていきましょう！

Q シャカシャカのスピードは速いほど効果がありますか？ また、世界意識クリーニングのとき、45分間の終わり頃に手の平の感覚が抜けたようになるのですが、なぜでしょうか？

A スピードは関係ありません。闇ことばを想い切り吐き出すことが大事です。最初は世界の闇を重たく感じるのですが、終わり頃には光になり、両手の平の感覚が軽くなるのです。あなたは良い感覚をされています。

Q しこたま意識クリーニングの途中に闇ことばが出てこなかったり、氣分が落ちこんでしまって闇ことばを想い吐き切る力さえ出ないときなどは、どうしたらいいでしょうか？

A そのときには、心の中で「シャカシャカします」と想って、三層意識の魂、心、脳の順番で下から上に「3つの大きな闇を出して（魂から）出して（心から）出し切って（脳から）」同じく、「吐いて、吐いて、吐き切って」と、祭りのおはやしのように闇ことばを想い吐き切ってみてください。

Q 引き受け人間学には「人生を達観するためのコツ」があると聞きました。

A あります。それは「3つの目」です。
前をよく見て生きる（自分の目）、後ろからよく見て生きる（他人の目）、上からよく見て生きる（天の目）。この3つの目で、人生を主観的に、そして客観的にも生きることができます。なお、3つめの「天の目」は、先祖、先輩、宇宙の目を含みます。

Q 弟子はいないのですか？　なぜ超能力者を養成しないのですか？

A 皆さまは同志ですから、弟子はいません。引き受け人間学を学んで、その後、自立して伝える側になってもらうのは全然かまわないのです。それぞれが人生のプロとして、この引き受け人間学を広めてもらいたいのです。これは実践哲学ですから、見えない世界が見えるなど特別な能力はなくても、基本通りに実践すれば、多くの方々に良い結果が出るのです。

引き受け人間学は超能力とは別もの。人間力が最優先です。そこも引き受けのいいところです。今後もプロ集団として社会貢献してまいります。

Q 引き受け人間学を広める組織「ワンダーライフ」は宗教ではないのですか？

A 宗教でもなければ、宗教的な存在でもありません。私がカリスマや教祖となってしまうと、依存心が芽生えて、私がいなければ何もできなくなってしまいます。

過去、遠隔施療を行なっていた方の中に、私に依存しきってしまった方々がいました。その方々に自律を促したとき、ほとんどの方が会員を辞めてしまいました。そのときのことを教訓に、教祖的な存在にだけはなってはいけないと、自分に固く禁じています。

ただし、宗教を否定しているわけではないので、誤解なきようお願いします。

Q **では先生の後継者は？**

A 後継者はいません。いるとしたら、引き受け人間学を学んで実践しているおひとりおひとりが皆、後継者です。

私の希望は、引き受け人間学を学んだ方がそれぞれ、全国へ、そして世界へと広めていってくださること。最終的には一家にひとり、引き受け氣功師がいるようになるといいですね。

Q **天災、事故、事件はなぜ起こるのですか？**

A 天災も事故も殺人事件も、不調和な闇の想念がつくり出しています。自然現象であっても人間の想念が影響しているのです。私たちが闇の想念を蓄積してしまっていることに氣づかないから、「氣づきなさい」「浄化しなさい」と天からのメッセージが来るのです。その責任は人間にあるのです。

でも本来、不調和の闇は元々が光の影ですから、「引き受ける」ことで闇が光となって自他（世界）に返ってくるのです。

Q 苦手な人、嫌いな人でも意識クリーニングをしていれば変わってくるのですか？

A 変わります。一番いいのはあなたがまず相手に対しての闇想念を吐き出して、次にあなたが相手に成り代わって、相手の視点であなたに対する闇想念を吐き出すことです。あなたが相手を嫌っている分、相手もあなたに対する闇の想いを持っているからです。この両方向から意識クリーニングすると早いですよ。

でも、もし「嫌いな人の立場になど、とてもなれない！」というなら無理にやらなくても大丈夫です。

Q 火事場の馬鹿力や前世のことばのことを聞きましたが、どういうことでしょう。

A 人間の潜在意識（魂）はものすごくゆっくりなスローモーションの世界であり、過去世（前世）のすべての記録があります。そして、爆発的な力も維持しているのです。

和歌山県の角さん（222ページ参照）のお兄さんは、火事のとき、大きな仏壇をものともせずに家の外に運びだしたそうです。また私の妻は、バックしてきた1トントラックに2歳の子供が下敷きにされる寸前に、そのトラックを抱え上げたのです。子供は間一髪で助かりました。

埼玉県の福島さんからは、学生時代、男女8人で山へ行って崖崩れに遭い、ひとりの男性が逃げ遅れて石の下敷きになってしまったときに、残った7人で数トンもある石を一氣に持ち上げたと伺いました。

その他にも、多くの方々のスローモーション体験や過去世（前世）のことばを直接聴いたことがあります。

Q 引き受けセミナーでは異次元の迷える魂を天にお返しすることをやっておられますが、いつ頃からですか？

A ２０１０年10月24日に福岡県のセミナー会場で、「異次元の迷える魂を引き受け、天にお返しするチャクラを開きなさい」との天の声が聴こえたのです。

一般セミナーでは宗教ではないかと誤解されるのでやっていませんでしたが、２０１６年の秋以降は、一般セミナーでもチャクラの活性と霊界の闇世界引き受けを行なっています。

Q 今後はどのように生きていくのですか？

A 「引き受け人間学」が完成した現在、ワンダーライフの引き受けセミナー講師とともに、一般財団法人引き受け財団にて事業を始めます。これも30年も前の天との約束です。

わかりやすく言うと、左手は空氣のような引き受け氣功師であり、右手は国民の健康と地球環境を守る事業家として、愛呆（アッホ）道中してまいります。

また、英語力をもっと身につけて、全世界に同志をつくっていきたいと願っています。

第7章

引き受け人間学・不思議な体験談

~ピンチがチャンスに！

医者として引き受け続けて15年。施療するほどに元気に

ふじわら医院院長　藤原英祐さん（広島県）

私は人の身体を臓器（パーツ）ごとに診て、パーツの故障を見つけては修理するという、従来の医療に疑問を抱いていました。さまざまな代替医療を研究し、氣の医療を実践すべく、18年の病院勤務にピリオドを打って1997年に医院を開きました。

経絡治療、氣功、ハリ、お灸、水晶を用いた自律神経調整などを行なっていましたが、2000年頃から、疲れが取れない、身体が重い、氣が晴れないなど、体調不良に陥ることが多くなりました。具合の悪い人が医院のドアを開けた途端に、喉が詰まって呼吸しづらくなったり、咳が止まらなくなったりと、体質も敏感になりました。

自分の内氣を使って治療していたため、内氣が消耗していたことに加え、患者さんの邪氣を払い除けて病氣を治してあげようとしたことが裏目に出て、払った邪氣を拾い集めていたのではないかと想います。

２００１年、池田弘志氏のレポートを目にしました。焼鳥屋のおやじよろしく、両手をうちわであおぐようにパタパタさせて末期の肝臓ガンを治した氣功師がいる、という内容でした。池田氏の著書『ガンもカゼと同じに治る』も購入し、医院の待合室の本棚に置きました。

その本をガンで通院中の患者さんが借りて読まれ、佐世保の藤谷師の施療院にひとりで行かれたのです。彼の仲立ちによって、２００２年から、藤谷師に当院で引き受け氣功のセミナーをしていただくことになりました。

私も引き受け氣功を実践してみました。すると、それまでの体調不良が改善してきて、身体にエネルギーが満ちていくように感じたのです。

これはすごいと早速に治療にも取り入れました。今でこそ引き受け氣功は引き受け人間学と名称も変わり作法もスマートになりましたが、当時は焼き鳥屋のおやじ方式で施療していました。手短に説明をし同意を得たうえで、おもむろに立ち上がり両手をパタパタさせるのですが、患者さんの中にはびっくりされたり、あきれたりされる方がおられて、このやり方はやめました。

それではと、引き受けの意念を全開にして従来の治療を行なったところ、治療効果が目に見えて増幅したうえに、私のほうも全く疲れないのです。体調の良くないときも、患者さんの治療をすればするほど元氣になるのでした。

引き受けのよいところは、お金がかからないこと、難しい理屈がないこと、時間をかけて修行する必要がないこと、覚えたその場で相応の結果が得られること、天性の素質がいらないことなど、たくさんあります。

氣功では、氣を受ける側に予期せぬ不適切な反応（偏差）が起こることがあります。急に変なことを言い出したり、霊動（体が勝手に動く）が生じたりします。私も偏差を経験したことがありますが、引き受けを取り入れてからは一度もないのです。他者への施療をやればやるほど元氣になるというのも、引き受けの大きなメリットです。

藤谷泰允という人は、大義のためにはすべてを投げ出す覚悟のできている人物です。直情径行で、嘘のつけない人なので、実社会では失敗したり、誤解されることも多いようです。15年以上の付き合いになりますが、首尾一貫してこれほどブレない人に会ったことはありません。

また、稀代のコピーライターでもあります。

「好きにはなれませんが、これ以上嫌いません」「ピンチをチャンスへ引き受けます」「鬼は内、福は外」「不安でいい、怖くていい。でもこれ以上不安と恐怖に落としません」「罵倒観音さま」「金貸せ天使」「不規則正しく生きる」「シャカシャカ」など、次から次へと生み出されるこれらフレーズの持つ力は大きいと想います。

紀元前の昔に編纂された中国最古の医学書『黄帝内経《こうていだいけい》』に「移精変氣の法」という治療法が記されています。これは、病人に精神的暗示を与えたり、何らかの方法で病人の氣分を変えることにより病氣を治そうというものです。藤谷師による引き受けのフレーズと作法は、数千年の時を経て現代に甦った移精変氣の法です。

個人やその家族の病氣や苦しみを癒すことから始まった引き受け氣功は、引き受け人間学、意識クリーニング、集合意識クリーニングへと昇華しました。

16世紀のフランスの外科医、アンブロワーズ・パレは、「我包帯す、神、癒し賜う」という言葉を残しています。開業当初、病氣を治してあげようとして体調を崩しましたが、今はそんなことはなくなりました。

医者として引き受け続けて15年、これからも、患者さんの病氣を引き受け続けていきたいと願っています。「我引き受けす、天、癒し賜う」。

自分の人生を引き受ける。自分のあり方は自分で決める

医師　齋藤さやかさん（岩手県）

藤谷先生との出会いは8年ほど前になります。

それまでの私は、病氣や症状、それらを引き起こす生き方やネガティブな考え方を敵とみなす、ごく普通の医者でした。初めは先生の言葉を理解するのが難しく、固定観念にとらわれていた私には引き受けることが非常に怖かったことを覚えています。

しかし、引き受けずに出したものが返ってくるという「たらいの法則」を知って驚き、それまで「嫌だ嫌だ、駄目だ駄目だ」と生きてきた自分に返ってくるものは嫌なことや駄目なことばかり、ということに合点がいった私は、恐る恐る引き受けを試してみたのです。

それまで無意識に外へ出していたものを、意識的に内へと引き受けてみると、自分から出すもの、そして自分に返ってくるものの質が変わってくるのを、少しずつ実感するようになりました。さらに、つらそうにしている患者さんにも引き受けを試してみると、「あれ？楽になった」と喜ばれるようにもなりました。

引き受けをやっていて特に良かったと想えたのは、持病を持つ父が、2度目の心筋梗塞の発作を起こしたときでした。救急車を呼びながらすぐに引き受けを施し、同時に藤谷先生に遠隔施療をお願いしました。顔面蒼白で冷や汗をかいて苦しそうに胸を押さえていた父でしたが、救急車が到着する直前にふと「楽になった」と表情が変わりました。搬送されたものの結局何事もなく、帰宅することができました。

藤谷先生のおっしゃることは、私たちが幸せに生きていくために必要なことと実感しています。私たちの「道が開ける」のは、「自分で自分の人生を引き受けているから」。自分の世界観の偏りや固定観念、決めつけ、闇を、すべて大きな目と心で引き受けると、それまでのことが嘘のように道が開けていくのです。

本当の私は、自分の世界の創造主であり、救世主だったと言えるのです。本当の私は、今まで自他を責めて被害者意識や恐れや不安をもとに生きてきた自分のことを、無条件に理解し、引き受け、愛していくことができるのです。本当の私は、自分の固定観念や信念でも、感情や感覚でも、記憶でも肉体でも、性格でも役割でもなかったのです。

私の中にこれらの記憶や決めつけがあることを受け入れたとき、それらにとらわれている生き方から初めて解放されました。変われないと想いこみ、苦しくてもがいていた私ですら、変わることができたのです。

すべての出来事は私の成長のため、自他の人生を光輝くほうへ、幸せや喜びのほうへと導くために起こっていることに氣づかされました。これまでは、それを偏った無意識の固定観念からしか見ることができず、自分のことと引き受けることができなかっただけだったのです。

誤解を恐れずに言うと、苦しんでいる人は皆、それぞれの固定観念が自らつくりだすストーリーに苦しんでいるだけなのです。これは現実に見えて現実ではありません。頭の中にある自作自演のストーリー、自縄自縛《じじょうじばく》のシステムにすぎません。本当の私はこれらを引き受けて、あらゆる物事に感謝して自由に生きていくこともできるのです。

藤谷先生は、頭の固かった私に、そんな生き方の選択肢があることを教えてくださいました。

今、医者という立場から、どんな人が良くなりやすいのかと問われれば、「自分の本当の力を信じて、自らを助ける努力をし、自分を無条件に愛することを、少しずつでもしていこうとする人」と答えます。いつまでも自他を責めてばかりで、自分の考えや記憶ややり方にこだわって、変わろうとしない人は残念ながらそうはいきませんが、それもその人の尊重すべき選択でありプロセスです。

自分の内にあるものすべてを、勇氣と愛をもって新たな視点から観察し、理解し、自分の人生の彩りのひとつと引き受けていこうとしたとき、人は変化し始めます。最初からそれがすんなりできる人はなかなかいませんが、それでも継続は力なり。自ら引き受けて生きることは、日々の訓練次第で上達し、習慣づけることができます。

それは自らのあり方や選択に自らが責任を持つこととなり、自分の人生を自分で豊かに創造していく生き方になります。もう自分も他人も責める必要はなくなり、当たり前だった日々の生活を、感謝や喜びや氣づきの連続に変えていくことになります。

この世はつらく厳しく周りは敵ばかりだととらえて生きるのも、自らの人生を愛し引き受けて、この世は素晴らしき美しきワンダーランドなんだととらえて生きるのも、それぞれの自由です。

この世界は本当に良くできているなと想います。自らの魂を輝かせる生き方をする人が増えれば、それだけ世界が美しく輝くことでしょう。

引き受けで施療する中で、数々の不思議を体験！

野口バランス氣功療院院長　野口清さん（茨城県）

氣功施療をしている私が引き受け氣功を施術として使い始めたのは、約7年前のことでした。それまでは、邪氣を祓って氣を入れる一般的な氣功の施療をしていました。

当時はお客様の邪氣をもらってしまうことが多く、ひどいときは、予約の電話を受けているときに、受話器越しに相手の痛いところをもらってしまうこともありました。このままでは身が持たないと悩んでいた時期に、藤谷先生と出会いました。その後に起きた奇跡のような出来事のほんの一部をご紹介したいと想います。

＊子宮のガン化した細胞が改善（50代女性）

子宮頸部《けいぶ》の上皮細胞のガン化の疑いで、細胞診検査を受けていた方の話です。次回検査で悪化していれば、3か月に1回の検査が、1か月に1回になるとのことで、つらい検査をするのなら子宮の全摘出をしたほうが楽だと、相談を受けました。

次回検査まで2か月あったので、その間に、毎日30分から1時間の遠隔で引き受け氣功を行ない、変化を期待しましょうということに。

検査当日、「異形化した細胞が消えてきれいになっていました！　念のための再検査を半年後にするそうです」と喜びの報告がありました。その後、検査間隔はどんどん長くなり、1年に1度、今では2年に1度となっています。

＊椎間板ヘルニアの激痛が改善（40代女性）

最初は、ご主人に肩を貸してもらってやっと移動できる状態で来られました。

痛みがひどくて50日間熟睡できず、ベッドに横にもなれずに椅子に座っての施療となりました。引き受け施療の０１療法をひたすら30分間ぐらい行ない、椅子から立ち上がっていただくと、痛みなく立って自力で歩けるほどに改善しました。加えて、この晩から熟睡できたと喜びの声をいただきました。

＊引き受け氣功を覚えた方が驚きの成果を

24歳男性が、母親の左膝靭帯《じんたい》損傷のことで相談に来られました。母親は東京の有名な方に治療を受けた結果、自力歩行ができない状態に悪化してしまい、人に触られることが怖くなって、触らないで施術できるところを探しているとのことでした。男性の母を想う氣持ちに胸打たれて、短時間ではありましたが、引き受け氣功を教えました。

1か月後、この男性が自力で歩く母親とともに来院されました。母親は息子から受けた氣功に半信半疑の様子でした。まだ左膝に体重をかけると少し痛みがあるとのことでしたので、私が引き受け施療で痛みを消したところ、ようやく信じられた様子でした。

それにしても、引き受け氣功のすごいところは、一般の方が覚えてすぐに結果を出せることです。

＊私の娘に起きた信じられない話

娘は13歳のときに1型糖尿病を発症。1日4回のインシュリン注射を打つことで血糖値コントロールをし、生命を維持していくことを強いられました。

3年前、血糖値コントロールが悪くなり、ヘモグロビンA1c値が17と悪化。さまざまな合併症に苦しむ状態になりました。大学病院へ検査と治療のために入院しましたが、治療はできない状態でした。

58kgの体重が36kgに落ち、歩行困難になり、生理も止まりました。6か月たっても改善がなく、私は毎日遠隔で引き受け氣功をしているのになぜ？ と焦りました。

1年が経過したある日、娘の「ここ3日くらい吐き氣が治まっている」という言葉を境に、下肢の痛み以外が改善してきたのです。

その後、日に日に体調が良くなって、退院から2年後（2017年）には元氣な男の赤ちゃんを出産したのです。本当にありえないことが起きたとしか言いようがありません。

以前は、病氣の方を施療すると、自分や家族の具合がどんどん悪くなっていたのです。でも今ではお客様の病氣や不調を引き受ければ、自分に元氣の氣が入り、疲れない施療をする毎日です。霊界の迷える魂たちの引き受けも同時に行なっています。

施術結果に対する考えも変わりました。それまでは改善結果を出すことにプレッシャーを感じていましたが、現在は、引き受け施療のあとは、結果は天にお任せとの氣持ちになり、不安もありません。意識クリーニングにより不安、恐怖や怒りが消えて、ひと回りもふた回りも進化した自分になれたと感じています。引き受け氣功がなかったら、今の自分はここまで成長していません。ただ感謝あるのみです。

妻の病を引き受け、引き受け施療の真髄を理解できました

高砂あかつき施療院院長　大山幸博さん（兵庫県）

氣功を取り入れた施療院を開業しています。

引き受け氣功という名に興味を持ち、4年前に会員になりセミナーに参加しました。

その頃私が行なっていた氣功施療は、病や滞りを手の平で吸い取り、足裏の湧泉というツボから出すというものでした。難病重病を施療する氣功師は短命と聞いていましたので、「病氣や争いの闇を引き受ける」という当時の引き受け氣功は腑に落ちず、会員更新はしませんでした。

その後、膠原病《こうげんびょう》、未分化胚細胞腫、クローン病、繊維筋痛症、筋萎縮性側索化症《きんいしゅくせいそくさくかしょう》（ALS）、ガンなど、難病の患者さんからの問い合わせが多くなり、なんとかならないものかと想っているとき、ふと引き受け施療のことを想い出したのです。調べてみると、2週間後に近くでセミナーがあることがわかりました。「もう一度引き受けを勉強しろ」と言われている氣がして、参加。4年ぶりの会場は、柔らかい氣で溢れていました。

そもそも氣功を始めたきっかけは、妻が更年期障害から躁鬱《そううつびょう》病になったことでした。入退院を繰り返し、毎日20錠もの薬を飲んでいたせいか、言語障害や睡眠障害を発症。スリムだった体型も、太ったというより腫れているようになってしまっていました。

これは医師ばかりにまかせていられない、私たち家族が頑張らねば、との想いで氣功施療を始めたのです。しかし、良くなったり元に戻ったりの繰り返しで、想うような結果は得られませんでした。薬も減らすことができないどころか、医師から「減薬は厳禁」と叱られる始末でした。

あきらめの氣持ちも芽生えましたが、引き受け氣功を再開したことで、施療とシャカシャカを実行。「あのバカ医師、金儲けしか考えんのか、あほんだら～」と、両手の平をシャカシャカしながら闇ことばを吐き出しました。

そうしているうちに、なんと、あの頑固で嫌な医師が「最近調子が良さそうね。お薬減らしましょうか」と言ってくれるようになり、20錠だった薬を3錠にまで減らすことができたのです。すごい奇跡だと想います。

一度退会したからこそ、冷静になって引き受けの素晴らしさに氣づくことができました。今は、生きる希望と喜びを持てる素晴らしい哲学であり、実践方法だと確信しています。

「余命半年の悪性ガンを克服！　先生との出会いが人生を変えた」

村上恵三さん（東京都）

48歳のとき、甲状腺ガンと診断されました。甲状腺は喉仏《のどぼとけ》の下にあって、甲状腺ホルモンを分泌する器官です。ここにできるガンには何種類かあるのですが、私のかかったのは「未分化甲状腺ガン」といって、非常に進行が早く、予後の悪い悪性ガンでした。

しかも、見つかった時点でもう末期の状態。「即入院して即手術」と言われました。「手術をすれば治りますか？」と医師に聞くと、「切ってみないとわからない」との返事。私は考えこんでしまいました。

というのも、私は父を食道ガン、母は子宮ガンで亡くしているのですが、2人とも医者の言う通りに手術、抗ガン剤、放射線療法のフルコースを受け、言われたことはすべて忠実に守っていたのに、まったく良くなることなく、亡くなったからです。最後まで苦しんで苦しんで……。看病する私にとって、その姿はあまりにつらいものでした。

そのこともあり、「もう少し考えさせてください」と言って、その場を去りました。

帰ったものの、何かアイデアがあるわけではありません。とりあえず食事療法として、玄米菜食を始めてみました。他に、お経を読むというのもやってみました。

そうこうしているうちに、友達が、ガンに関する本を１００冊ほど送ってくれました。私自身はあまり読む氣になれませんでしたが、妻が全部読み、その中で「これが一番よかった」といって勧めてくれたのが、藤谷先生のことを書いた本でした。

池田弘志さんの『ガンもカゼと同じに治る』という本です。ガンも風邪も免疫力を上げれば改善する、自然治癒力を上げれば怖くないというのです。目からウロコが落ちました。

私も藤谷先生に教えを請いたいと想い、池田さんの連絡先を調べて電話をしてみました。池田さんは親身に話を聞いてくれて、「わかりました。あなたのことは藤谷先生に伝えておきましょう」と言ってくれました。

氣持ちが楽になったこともあり、その後は本で読んだ引き受け氣功を自分なりに実行しながら過ごしました。１か月後、池田さんから電話があり、「藤谷先生が東京に来るからご紹介しましょう」と言ってくれたのです。藤谷先生はものすごくフレンドリーかつオープンな方でした。

「村上さん、大丈夫ですよ。人は死ぬまで生きますから」

先生が真顔でそうおっしゃるので、想わず笑ってしまいました。笑ったとたん、ものすごく氣持ちが軽くなったのです。そうだ、死ぬまで生きるのだから、将来のこと、起こってもいないことを考えて想い悩むのはバカバカしい。心の底からそう想えました。

先生はこうもおっしゃいました。

「村上さん、今日から『ガンちゃん』と呼んで、ガンと闘うのはやめなさい。ガンを嫌ってはいけない。『ごめんね、有り難う、愛しているよ』と優しく呼びかけるのです」

この言葉に、私はもう涙が出るほど感銘を受けました。

それからは毎日、喉のあたりでぷっくり膨れている甲状腺ガンを触って、「ガンちゃん有り難う」を始めました。1か月ほど経ったある日、本当にガンに対して「有り難う、ごめんね」という氣持ちがこみ上げてきて、たまらずその場で嗚咽《おえつ》してしまったのです。

今まで私のやってきたこと、言葉にしたこと、食べてきたもの、ストレス、愚痴不満、そうしたものがすべてが、ガンをつくったのだ……。ガンにも、自分の身体にも申し訳なくて、涙が溢れて止まらない。自分でもビックリしました。

そこからです、体調がメキメキよくなってきたのは。徐々に痛みが消えて、日々、身体が元氣になっていくのがわかるのです。甲状腺の腫れもスーッと引いていきました。

引き受け作法も毎日やっていました。朝30分ほどシャカシャカをし、「あとは想いの中でやります」とセットしておく。そうすると1日中クリーニングができるわけです。

食生活は玄米菜食だけに固執するのをやめて、好きなものを好きなだけ食べました。お酒はずっと我慢していましたが、藤谷先生に飲んでいいと言われ、うれしくて朝昼晩飲みました（笑）。あとは水を1日6ℓ飲みました。

それを続け、病院で再検査の日を迎えました。余命半年と告げられてから2か月後のことです。なんと、医師から「寛解です」と告げられたのです！「腫瘍は大幅に退縮しており、成長していない、落ち着いた状態」ということでした。「こんなことあるのかな、信じられない」。医師はしきりに首をひねっていました。

余命半年のガンから生還できた！　この喜びをどう表現すればいいでしょう。まさに命拾いとはこのことです。先生との出会いで私は救われ、人生が変わりました。ひとりでも多くの人に引き受けを知ってもらい、楽になってほしいという氣持ちでいっぱいです。

障がい児の親として「人は想い方次第」を実感

平川幸子さん（秋田県）

私が20歳になった息子・慧を伴って、藤谷先生に初めてお会いしたのは、2006年12月の盛岡セミナーでした。知的障がいに加えて精神統合失調症と診断された息子の突発的な行動を何とかしたいという一念でした。

以来十数年、先生にはご迷惑のかけ通しでした。慧は、施療してくださっている先生のシャツのボタンをもぎ取ったり、セミナー中に飲み物の缶や履いていた靴まで投げてしまったこともありました。私は、何度も連れて行くのをやめようと想いました。でも先生は必ず「またおいでね！」と言ってくださるのです。

先生は施療中にパンチされても、キックされても、かじられても、嫌な顔ひとつせず、「慧君は天才だからね！」と言い続けてくれました。

先生は、常に慧の目線で見守ってくださいました。スケッチブックに貼ったシールの作品を何冊も見てくださったり、大きなキャンバスに描いた点描画を見ては、「慧君は能代の山下清だね！」と、いつも笑顔で褒めてくださいました。

「ひとりが障がいを引き受けてくれたおかげで、健常者が生まれる。だから、障がいを持って生まれてきた人に感謝して、その家族を大切にできる世の中にしていかなければならないと想うんだ！　障がいを引き受けて生まれてくる子の魂の霊格は高いんだよ！」

先生はこんなことも話してくださいました。これまで、蔑《さげす》まれたり疎まれたりこそすれ、感謝されるなんて想いもよらないことでしたので、驚きでした。

２０１３年8月、養護学校卒業後7年ほど通所していた施設から、突発行動が続いたことを理由に、突然「利用継続不可能」を申し渡されました。

信頼していただけにショックは大きく、加えて市内に受け入れてくれる施設はないだろうという結果まで示され、奈落の底に突き落とされた想いでした。福祉も行政も頼れない、引き受け氣功を10年も続けてきたのに味方は誰もいない……と想い詰めました。

今振り返ると、私は、「慧が乱暴にならないように」とばかり引き受けていたのだと想います。息子と一緒のときはいつもハラハラドキドキで、「そうならないように」と見張ってばかりいました。引き受けの仲間たちに「何があってもいいから」と何度言われても、頭の中ではわかっているつもりなのに、そうできない自分がいました。

周囲からどう想われるだろう、これ以上迷惑はかけられないとの氣持ちを優先し、一番大事にしなければならないことをおろそかにしていたのです。想いを変えなければならないのは、私自身だったのです。

「こういう子で申し訳ない」という自分を責める想いが、自らの心を闇に落とし、慧にも波及し、10年以上も負のスパイラルを繰り返していたのです。慧は私に「氣づけよ！」と、何度もメッセージを送っていたのだと想います。

慧をあるがままに受け止め切れず、心配ばかりしていました。特に慧が独りごとを言い始め、声色が変わり、無表情になって独特の世界に入っていくと、その想いは一層強まります。そういうときに想いがけない行動に出ることも多く、それを先読みして防ごうとすると、さらにその先を行ってしまいます。

このことを相談しているときに、先生の中で「瞬間意識クリーニング」という言葉がひらめいたそうです。不安に想ったその瞬間に、「引き受けます！」と想うのです。心を闇に落とさないことが、いかに難しいかとつくづく想います。これは心の訓練なのです。

先生は、慧にパンチされてもキックされても、嫌な顔ひとつせず、「私に対する愛情表現だから」と言いました。そんなことがあるはずないと想っていました。でもアメリカの自閉症の男の子が自ら執筆した本の中で、「自分の想いとは別に身体が動いてしまう」と綴っていたのを読んで、慧の心からの叫びに氣づいていなかったことを想い知らされました。

私たち家族が慧を授かり育てていくことの意味を、これまで以上に深く考えさせられています。重度障がいがわかったとき、職を辞しても一緒に暮らし面倒を見ようとした夫の覚悟や、変わらない兄がいてもいいと受け入れてくれた次男の想いを支えに、私の進むべき道に向かっていかねばと想っています。

その後、新しくできた施設に、自力通所できるようになりました。このような日がくるとは想ってもいませんでした。今、慧を通して素晴らしい繋がりに出会えています。感謝の想いでいっぱいです。毎朝、穏やかな笑顔を願い、しこたま意識クリーニングで送り出します。日中家事をしていてふと、今頃施設で何か迷惑をかけていないだろうかと想うときがあります。そのときは、すかさず瞬間意識クリーニングとなるほどキャッチボールをします。意識クリーニングが、毎日の生活の一部になっています。

今、慧が通所施設から毎日スケッチブックを抱えて笑顔で帰宅する姿に、引き受け人間学の神髄である、人は「想い方次第」ということを痛感しています。

藤谷先生はよく「人生、超えることのできない闇はない。闇は元々、光の影なのだから、闇を引き受けることこそが、人事を尽くして天命を待つことに繋がる」と言われます。

この先何があろうとも、なるほどキャッチで受け止め、引き受け続けていこうと想います。

最後に、障がいある子どもたちと山元加津子先生（かっこちゃん）を描いたドキュメント映画で、近所に住む平川恵美子さんと出会いました。平川さんは、この本の英訳部分を米国の娘さんと一緒にお手伝いされており、共に学び支え合ってくださることに心から感謝しています。

引き受けのお陰でいいことばかり起こっています

久留和枝さん（鹿児島県）

引き受け人間学に出合って4年になります。

九州に大型台風が直撃したときのことです。

以前、熊本の方が大型台風を引き受けたら全く被害がなかったという話を聞いていましたので、被害は避けられそうもない状況でしたが、最小限ですむようにと、一生懸命シャカシャカをしました。

ところが、自宅の屋根瓦が飛び、隣家に直撃してしまったのです。ガッカリして、保険会社に連絡したところ、何と被害額は全額補償、そのうえ見舞金までいただくことができたのです。おかげで屋根瓦に加え、キッチンまでリフォームすることができました。

引き受けのお陰でいいことばかり起こっています。

実際に体験したことで、引き受けの効果を確信し、毎日シャカシャカを頑張っています。

娘の難病に奇跡の改善が起こりました！

宮原克宜さん（福岡県）

娘のアンナは、生まれつき鼻の穴が極細で鼻で呼吸ができず、生まれたその日に呼吸不全で大病院に救急搬送されました。鼻呼吸を補助する細いチューブも入らないので、酸素マスクを口に当てての搬送でした。

そのままＮＩＣＵ（新生児集中治療室）に入りました。懸命に治療をしていただき、1か月後、酸素マスクなしで口呼吸ができるようになって、やっと退院することができました。でも、特に左の鼻の穴は通っておらず、成長に合わせて中学生、高校生になってから手術をしましょうということでした。

ほっとしたのもつかの間、生後6か月の頃、今度はクルーゾン病であることがわかりました。10万人にひとりという難病で、頭蓋骨が大きくならない、または大きくなりにくかったり、変形するという病氣です。そのままだと成長とともに脳が圧迫されて障がいが残ってしまうので、頭蓋骨を広げる手術が必要です。1歳8か月のときに初めての手術を行ない、7歳になるまでに大小合わせて18回もの手術を受けました。

藤谷先生とお会いしたのは２０１５年8月でした。先生は親身になってくださり、その場で波動遠隔チェックと引き受けをしてくださいました。シャカシャカのやり方も教えていただきました。２回目はアンナを先生に直接会わせ、引き受けを施していただきました。

その後は毎日、シャカシャカを続けました。この頃は引き受けがまだよくわかっておらず、わからないままに、左で闇を引き受け、身体の中で変換し、右から光を発するイメージで続けました。たったそれだけです。

ところが、そこで奇跡が起こったのです。左の鼻は生まれてから一度も通ったことがなかったのですが、これを続けていたらスーッと通ったのです！　本当にうれしくて、ただただ感謝の氣持ちが溢れてきました。

中学生か高校生になったらと言われていた、鼻の手術と顔の細かい手術も、もうしなくていいかもしれません。目に見えないものを全否定していた妻もこれには驚いて、「引き受けのお陰かしら」と言っています。

引き受けのいいところは、たとえ頭で理解していなくても、実践すれば誰でも必ず結果が出るところです。引き受けに出合えたことで、たくさんの幸せをいただきました。

幸せは善悪を超えて今ここにあった！

小嶋佳余子さん（愛知県）

私は、物心ついた頃から漠然とした不安や恐怖を感じていました。独善的な祖父が支配する争いの絶えない家庭で育ち、小学校入学前に父が交通事故で他界すると、母は親族の勧めに従って、私と弟を連れて実家に帰りました。当時小学1年生だった私は転校先になじめず、心を閉ざしました。極度のストレスを抱え、心身共にエネルギー不足で、疎外感や劣等感に苛まれながら、学生時代を過ごしました。

大学卒業後、働き始めると、人生に疲れ果て、頭痛、肩こり、アレルギー、不眠などのストレス症状に悩まされるようになりました。

同時に家庭も崩壊へと向かっていきました。母は女手ひとつで仕事と家事をこなし、歯を食いしばって生きていました。弟は感情のコントロールが難しく、不安定でした。親子3人それぞれに苦悩を抱え、お互いを理解し想いやる余裕がなかったのです。

30歳を過ぎた頃、慢性氣管支炎の発作がひどくなりました。医師やカウンセラーに相談すると、「どんな治療や薬よりも、まず家を出て一人暮らしをすべき」と言われました。家族は猛反対しましたが、自分の命を守るために、内緒でアパートを借りて家を出ました。心身共に限界を迎えていた私には、無謀極まりない選択でした。

一人暮らしが一年を経過した頃、ある日突然、経験したことのない凄まじい痛みに襲われました。心と身体と魂がバラバラに壊れてしまったかのような恐ろしい痛みでした。整体、マッサージ、鍼、整形外科、ペインクリニック、内科などで施療や治療を受けましたが、薬も注射も麻酔も全く効果がなく、病名も特定されませんでした。なす術もなく、通院と服薬をやめて会社を休み続けました。

全身がコンクリートや岩のように硬く冷たく感じ、刃物でコンクリートを粉砕されるような激痛が続きました。あまりの痛みに、首を動かすだけでも叫んでしまうほどで、日常生活全般に支障をきたし、寝たきり同然になって孤独死の恐怖を感じました。線維筋痛症を発症していたのです。

慢性疼痛のほかにも、慢性氣管支炎、花粉症などのアレルギー、頭痛、肩こり、パニック、うつ、頻尿、不眠、神経過敏、月経前症候群、咳喘息など、多くの慢性的な症状で苦しみましたが、薬は服用しませんでした。

心臓への負担が大きくなり、歩くのがやっとになったとき、外氣功の施療を受けました。施療師さんに「深刻な状態です。内臓が機能低下を起こしています。3日に1回は通ってください」と言われました。最初は全く効果を感じられませんでしたが、少しずつ動けるようになっていきました。

同時期に主人と出会い、結婚しました。安心して休養できるようになった途端に、長年抑圧していた心身の症状が洪水のように出てきました。無氣力状態が続き、半日以上寝ている日々で、どれだけ休養すれば治まるのかわからないまま、4年の月日が流れました。

症状は一進一退で、施療を受け続けないと元に戻ってしまいます。心の傷を癒さない限り完治は難しいと感じました。潜在意識を癒す必要を感じ、潜在意識クリーニングに関する本を読みました。本に書かれていたクリーニングツールを試してみたところ、不思議と心が穏やかになったので、これを正しく活用できれば私の問題は解決可能だと想いました。

通える地域で学べないものかと想っているとき、山元加津子さんのメルマガで「引き受け氣功のやすみっちゃん」のことを知り、2010年9月に初めてセミナーに参加。楽しいセミナーを2時間受講したあと、身体が楽になっていることを感じました。切望していた潜在意識クリーニングも受講できると聞いて、会員になりました。

最初は、言われた通りにシャカシャカと手を動かしてみました。家族も繋いでひたすらシャカシャカ。「こんなことで？」と想いましたが、変化は次々と起きました。

２０１０年11月頃、長年、降圧剤やコレステロール降下剤、肝臓の薬などを服用していた母に、体毒反応のような症状が出始めました。私が引き受け氣功を続けていると、少しずつ数値が正常になり、薬を飲まなくてもよくなったのです。母は現在72歳。どんどん明るく元氣になっています。


２０１１年６月には、32年間生き別れになっていた祖母と亡き父の弟が、私たちを探して会いに来てくれました。祖母と叔父に「迷惑をかけてごめんね。ずっと心配していたよ」と言われ、涙が出ました。

再会から３年がたった頃、祖母が入退院を繰り返すようになりました。そして亡くなる３週間前に「遺言だと想って聞いてほしい」と、家族への感謝や詫びの氣持ちを伝えてくれました。おかげで私たち家族の心は癒され、祖母は笑顔で旅立ちました。もう、憎しみ合い、傷つけ合った過去は存在しません。

状況が光転するにともない、私の体調も確実に回復していきました。

２０１５年から、光ことばをつぶやくクリーニングから、闇ことばを吐き出し浄化するクリーニングに変わりました。ネガティブな感情を正直に吐き出し、浄化することで、心の細かい傷が消え、つらい過去を想い出しても動じなくなり、潜在意識の隅々まできれいにお掃除ができていることを感じられるようになりました。

いつしか毎晩30分ほどクリーニングをしてから寝ることが習慣になり、長年悩まされていた不眠症も治ってしまいました。線維筋痛症も完治しています。家族の絆も深まり、幸せな日々を送っています。

勇氣を出して、自己の内面を見つめ、クリーニングをし続けることにより、心と身体と魂も人間関係もすべて癒されて調和されていきました。そして私はいつでも愛されていて、幸せはいつもここにあったことに氣づきました。

このほかにもお伝えしきれないほど素晴らしい変化があり、現在も光転し続けています。運命光転のクリーニングツールは、いつでもどこでも簡単に活用できて、使い勝手は最高です。

虐待、男性恐怖症、借金に苦しんだ人生が引き受けで光転

河合訓世さん（静岡県）

私は父から虐待されて育ちました。父は些細なことでキレては暴れました。殴る、蹴る、髪の毛を引っ張って引きずり回す、怒鳴る、ののしる、出刃包丁を突きつけて脅す……。泣くことは許されず、父の氣が済むまで延々殴られながら、謝り続けなければなりませんでした。2階の窓から外を眺め、ここから飛び降りたら死ねるかな、と何度想ったことか。

父は仕事が終わると毎日パチンコに行き、一切家庭を顧みませんでした。夫婦喧嘩も激しくて、父は母をもよく殴っていました。母はそんな父のことが不満で、デパートに行っては力ードで欲しいものを好きなだけ買い、支払いができなくなると家出をしました。家族団らんなど微塵《みじん》もない、氷のように冷たい家でした。

高校を卒業し、専門学校へ進学。その頃には父の暴力はなくなっていました。

地元の企業に就職後、元夫と知り合いました。8歳年上で優しくしてもらえると想いま

したが、甘かったです。喧嘩ばかりするようになり、別れ話が出た頃、妊娠が判明。22歳で結婚しました。

結婚生活はつらいものでした。元夫は冷たくて口うるさく、毎日お酒を飲んでは説教し、私が聞いていないと暴れます。その状態は、2人目が生まれても変わりませんでした。

そしてとうとう27歳で離婚。上の子が4歳、下の子が2歳でした。

実家に戻り、しばらくすると父がC型肝炎になりました。入退院を繰り返すようになり、母と2人、看病に明け暮れました。夜中に具合が悪いといって起こされ、病院へ駆けこむ日々。入院費の支払いも大変で、私が働いたお金は医療費に充てられました。私をあんなにも虐待した父のために医療費を払い、看病するのはとても理不尽な氣がしました。

父の病氣はどんどん悪くなり、肝硬変、肝ガンと進行しました。最後はケイレンを起こし、仁王さまのように怖い顔で目を見開き、苦しんで死にました。

父が亡くなり平穏な日々が続くと想ったのもつかのま、4年後に大変な事実が判明しました。母が父の医療費などを借りた借金が、1千万円近くに膨れ上がっていたのです。借金はないと想っていたので、ハンマーで頭を殴られたような衝撃でした。

借金の返済に何とかめどが立ってきた頃、母に胃ガンが見つかりました。ステージⅣでした。胃の摘出手術をしてよくなりましたが、すぐに胆管に転移。胆汁が身体に回り、ほどなく亡くなりました。最後まで親子らしい会話はありませんでした。

会員の方に紹介され、引き受けセミナーに通い始めたのは２０１１年のことです。ただ、自分ではシャカシャカしているつもりでしたが、一向に光転する氣配はありませんでした。母の死後、２０１６年、藤谷先生に「引き受けを5年やっていますが、良い結果が出ません」と訴えました。先生は私にクリーニングをしてくれ、そしてこうおっしゃいました。

「あなたのお父さんや元夫は、あなたの前世のカルマを教えてくれる有り難い人ですよ」

先生のその言葉が私の心にすっと入ってきて、なるほど、今までのつらい経験はすべて必然なのだと悟りました。そして、今生での自分の宿題がわかったような氣がしました。

さらに、嫌なことがあったとき、嫌なことを想い出したときは、良い悪いと判断する前にまず「なるほど」と引き受けて光にして返し、それから運命光転装置の中に闇を吐き出すと説明を受け、すごく納得できました。

それまでの私は、都合が悪いことが起きないようにと先に押し返していたのです。これではいくらシャカシャカしても、嫌だ嫌だと引き受けないで右回転で落ちて、運命光転装置に闇を吐き出して左回転で上げているだけです。同じ場所にずっといるだけで、堂々巡りで行き詰まってしまっていたのです。

何が起きてもすべて「なるほど」と引き受けることが大切なのだと氣がつきました。

現在も働いて、借金を返し続けています。職場では長い間、パワハラ、セクハラ、いじめに苦しんできましたが、借金返済のためと我慢していました。シャカシャカして引き受けて、光転するまで頑張ろうと意識クリーニングをしていたところ、突然「今まで会社に貢献してくれて感謝している。この先もずっと勤め続けてほしい」と言われたのです。びっくりしました。天と繋がるとはこういうことなのだと実感しました。今ではパワハラやセクハラはなくなり、それどころか、考えられないほど良い待遇を受けています。

両親も元夫も、鬼の面を被ってあえて私のために悪役を演じてくれていたことが、今では理解できます。やってくる闇の現実を「なるほど」と受け止め、引き受けることで、次から次へと良い出会いと出来事がやってくるのです。読者の皆様も人生を諦めずに引き受けて、運命を光転していただきたいと願っています。

父が肺ガンと転落ケガから引き受けで見事に生還

鈴木美智子さん（茨城県）

80歳になる父の右肺に白い影が確認されたのは、2016年のことです。精密検査の結果は悪性。肺ガンでした。「体力のあるうちに一刻も早い手術を」と勧められました。

当時すでに私は引き受け氣功を習得していたので、父のガンの毒氣の引き受けを毎日行ないました。ちょうど藤谷先生が水戸にいらしていたので、藁にもすがる想いで相談。先生は、その場で父のために遠隔氣功をしてくださいました。

そして手術の日。高齢の割に体力のあった父は無事手術を乗り切ってくれました。

その後は、順調に回復して退院……といきたいところですが、そんなに甘くはありませんでした。取り残しのガンがあったのです。それまでも毎日、一生懸命引き受けをしていましたが、このときばかりは氣力が失われました。風邪をこじらせ、咳が止まらず動けなくなってしまったのです。

そこで、引き受け氣功を紹介してくださった野口バランス氣功療院の野口清先生に助けを求めました。野口先生は、私の回復はもちろん、父の引き受けもしてくださいました。
お陰で何とか回復し、父の元へ。「もう手術はできないから」とのことで、部分放射線療法で治療することになりました。放射線は、一氣に照射すると身体に悪影響があるそうで、毎日通院し、少しずつ照射することになりました。

治療は1か月に及びました。微熱、倦怠感に見舞われながらのつらい治療でした。看病する家族も大変でした。母は大病をしたあとだったところに、過労が重なり、胃に激痛を訴えました。検査の結果ポリープができていました。

私は毎日全力で引き受けを実施しました。するとまず、母のポリープが検査の結果、良性とのことで一安心。父も無事1か月の放射線療法の治療を終えることができました。

これでやっと元の生活ができると想った矢先、また父の右肺に新たな白い影が確認されたのです。再び細胞診の結果待ちに。医師には「再発の可能性が高い」と言われました。
結果が出るまでの1か月間、不安が募りましたが、また全力で引き受けを開始しました。野口先生も引き受けの応援をしてくださいました。

そして1か月後、奇跡はまた起きたのです。何と細胞診の結果は良性。やっと胸をなで下ろすことができました。父は今では、高齢にもかかわらず、自転車で回覧板を回しに行ったり、以前と変わらず趣味のドライブを楽しんだりしています。

私はこの眼で、父のガンを通して、引き受けの素晴らしさ、引き受けのすごさを実感することができました。

その後2017年3月の定期検査で、右肺に白い影と頭にガン転移の疑いありと診断され再入院。その次の日に足を滑らしベッドから転落したのですが、大難が小難になり、廃人寸前で免れました。私が面会に行くたびに頑固だった父が素直になっていき、引き受け施療を受け入れてくれました。すると、ある日「胸から太陽が昇ったみたいだ！」と言って明るい表情を取り戻したのです。

病院でのリハビリでも「痛くない」と歩き出し、再検査ではガンはなく、2週間後に退院しました。今では大好きなドライブを楽しんでいます。引き受けの奇跡を次々に目の当たりにし、「ピンチはチャンス」を実感しました。

そして、私は決意したのです。この引き受けで素晴らしい奇跡を、この手で天と繋がって起こしていこうと！　現在はワンダーライフの認定施療師になっています。これからは施療師として、使命を果たしていきたいと想います。

いくつもの「ありえない」を体験し、ただただ感謝です

北海道・本別町町長　髙橋正夫さん（北海道）

日本の食料基地「北海道・十勝・本別町」は緑豊かな、日本一の豆の町です。ワンダーライフ、藤谷先生との出会いから3年の月日が流れました。セミナーの参加の都度、新たな体験、発見を目の当たりにして驚きと感動の連続です。

調心、調息、調身、調水、調食の5原則。人生航路の指針。中でも一番心に響いたのは、「たらいの法則」でした。いかに自己中心の人生が当たり前になっていたことか。何の氣付きもなく過ごしてきた自分が恥ずかしいと氣づかされました。

今までは「欲しい、欲しいで逃げられて」「嫌だ、嫌だで自分に返る」。今後は、「鬼は内、福は外」の生き方に変えなければいけないと想いました。究極は、つぶやきの言葉、意識クリーニング、「引き受けること」「想いは通じる、願いは叶う！」です。

人生の出会いは偶然ではなく必然、出会うべくして出会うと想っている私ですが、まさかこんなにすごい人に出会えるなんて、最高の幸せ者だと心から感謝をしています。

初めての出会いのときに、藤谷先生は私にこう言いました。

「町長さん、ここに来たら人生が変わりますよ。みんな元氣に前向きになります。そして、今まで『ありえない』と想っていたことが、『ありえる』に変わりますよ」

その後、たしかに「ありえない」ことが頻繁に起こるようになったのです。

ある日、町長室に2羽のヒヨドリが飛びこんできました。2羽とも非常におとなしく、1羽は私の両手の平に包まれ、もう1羽は私の手の甲に乗って窓の外に飛んで行きました。

その話をしたら藤谷先生は、「亡くなった子供（次男）さんの魂がヒヨドリに乗り移って、お父さん、お母さん有り難う、とあいさつに来たのではないですか」と言われました。ありえない話ですよね。

また、藤谷先生が我が家に来てくださった夜のこと。外ではキタキツネがギャンギャン鳴き、「いつもこうなんです！」と私は訴えました。藤谷先生は外に向かって「キツネさん、氣持ちはわかるけど、そんなに鳴かないで。あまり鳴くとみんなが嫌うからね」と言いながらシャカシャカしました。そうしたら、翌日からピタリとキツネが来なくなったのです。

帯広・本別のセミナーには藤谷先生を慕って、多くの人たちが参加しています。体調の悪い人、心の病の人、家族の悩みを抱えた人……藤谷先生はひとりひとりに丁寧に寄り添って、休憩時間も休むことなく真剣に向き合っています。参加した人たちはみんな元氣に笑顔になり、次回会うことを約束して会場を後にします。藤谷先生の人柄に感謝です。

昨年の8月に北海道十勝地方に、4つの台風が上陸し大きな被害をもたらしました。本別町も災害対策本部を設置して、連日不眠不休の対策で全力を尽くしました。台風の勢力、大雨が中雨、小雨に被害は最小限にと、毎日シャカシャカして願いました。十勝地方は、歴史上初めての未曾有の被害で、JRが4か月間不通、国道も寸断され陸の孤島になる寸前でした。今でも国道274号線は不通です。その中で、わが本別町は一番被害の少ない町だったのです。これもシャカシャカのお蔭と、本当に感謝しています。

もうひとつ、不思議な体験をしました。研修で九州に行ったとき、携帯タブレット端末が故障しました。どこに行っても修理不能だったのに、ある方に目の前でシャカシャカしていただいたところ直ったのです。電子機器にも氣が通じたことに驚きました。

引き受け人間学に出合えたことに感謝し、ひとりでも多くの方が元氣で健康で豊かな暮らしができるように、私も全力で取り組んでいきたいと想っています。

息子の脱毛症、夜泣きが改善しました！

太田里香さん（仮名・北海道）

長男が3歳になった頃から、それまで普通に生えていた髪の毛が、徐々に抜け始め、しまいには全体の3分の2ほども抜け落ちてしまいました。病院に行くと「多発性融合型円形脱毛症」という診断がついたのですが、原因は不明とのことでした。投薬と紫外線を当てる光線療法を受けたのですが、想うような効果はありませんでした。

しばらくすると自然に髪が生えてきてホッとしたのですが、4歳で再発。病院も何か所も通いましたが、どこもいい治療法がなく、途方に暮れました。

そんなときに、義理の両親から、引き受けのセミナーがあるから行ってみないかと誘われました。半信半疑でしたが、行くだけ行ってみようと息子を連れて参加しました。

セミナーは初めて見る世界で驚きもありましたが、藤谷先生は優しく息子を見てくださり、その場で氣功を施してくれました。そして「30代のスキンヘッドの女性が、1年後には見事に元に戻った」という話もしてくださり、私たちも頑張ってみようと想いました。

それからは毎日、息子を手の平の中に入れるイメージをして、「良くなってほしい」「髪の毛が抜けないでほしい」と言って、一生懸命シャカシャカをやりました。

それから6か月後、脱毛した患部から髪が生えてきたのです！　もうビックリ仰天でした。たまたま生える時期だったと言えないこともないのですが、明らかに1回目のときよりも生えるスピードが早かったのです。

ところが、その1年後、3回目の再発となってしまいました。今またセミナーに通い、シャカシャカを開始したところです。でも、今までの2回とは違って、すでに細い毛が生えてきているので、治りが早いのではないかと期待しています。

引き受けを行なってから変わったことがもうひとつあります。息子は赤ちゃんの頃から7歳の今日まで、夜泣きがひどかったのです。ほぼ毎晩で、ときには起きて夢遊病のように歩き回ることもありました。私もそのたびに起こされていたのですが、最近はそれが治まってきたのです。月に1、2回はありますが、毎晩だった頃に比べれば信じられない想いです。私もぐっすり安眠できるようになりました。

これからも引き受けを実践しながら、病氣のみならず、人間関係や世界、地球のことにも意識を向けて、調和した人生を生きていきたいと想います。

「想いは必ず実現する。法則に従って！」

花田由美子さん（香川県）

２０１６年のことです。30年来の友人がポツリポツリと話し始めました。

「姉がスキルス性の胃ガンで、この間、余命半年と宣告されたの」

そう言うと、ワーッと息せき切ったように泣き崩れました。昔からとても仲の良い姉妹でしたから、そのショックは計り知れないものがあったのだと想います。

「大丈夫だから。必ず良くなるから」。年始に膵臓ガンを克服した方とお会いしたことを想い出して、私は確信を持って答えました。それから家に帰ってシャカシャカです。仕事を持っているので時間は多くはとれませんが、氣持ちのスキマ時間を使って行ないました。

２か月後、氣になって彼女と連絡を取ってみると、想いがけない答えが返ってきました。

「姉は胃の一部切除だけで済んだの。抗ガン剤も使わなくてよくなったのよ。有り難う！」

これは、誤診レベルにすごいことなのだそうです。

その２週間後のこと。実母が神妙な面持ちでこう言いました。

「乳ガン検診で引っかかった。右に1㎝、左は白い影。来週再検査に行かなきゃ」

今度は身内か……。

「大丈夫。良くなるから。氣合で治すという氣持ちを持って。落ちこんだらダメだよ」

また片隅でシャカシャカしました。いつも心に母を置いて、氣持ちでシャカシャカする感じです。検査のあと、連絡がありました。

「何だか随分小さくてよくわからないから、もう病院に来なくていいって」

「良かったね。このまま消えてなくなってほしいね。ストレスをためちゃダメだよ。明るく楽しく過ごしてね」

母はこのとき、たぶん初めて「有り難うございました」と私に言いました。

ほかにも、不思議な出来事はいっぱい起こっています。

せっかく縁があって、引き受け人間学を知ったのですから、日々の生活に、いっぱいシャカシャカの想念を取り入れて過ごしましょう。

疑うより、行動あるべし！　この地球では「行動したもの勝ち」だと聞きます。モヤモヤした氣持ちはシャカシャカで吹き飛ばして、笑顔で明るく過ごしましょう。引き受けの素晴らしさをぜひ、ご自身で体験してみてくださいね。

ダウン症の陽性判定が消え、元氣な赤ちゃんに恵まれました

山下陽子さん（仮名・岐阜県）

孫は現在8歳。おしゃまで元氣いっぱいの、かわいい女の子です。

娘がこの子を授かったとき、家族全員で喜びました。ところが、検査で数値に少し異常があり、ダウン症の可能性があると言われたのです。育てるには大変な苦労があるのではと心配は尽きず、ついに私は、娘夫婦に産めば苦労するだけだから産まない方向で検討するよう勧めました。

そんなとき、父親である娘婿の夢枕に女の子が立って「私を産んで」と言ったそうです。その話を聞いて、私はついに床に臥せってしまいました。

私は幸いにも引き受け氣功にお世話になっていましたので、引き受けることにしました。でも、心の片隅には「いくらなんでも、ダウン症までは引き受けることはできないだろう」と想う氣持ちが多分にありました。

２００８年2月、自宅から一番近くで開催されるセミナーを探し、娘家族3人と私たち

夫婦の計5人で、積雪が残る道を藤谷先生にお会いするために向かいました。

会場で状況をお話しすると、先生はしっかりと娘をみてくださり、お腹に触れて引き受けてくださったようでした。そのあと、「もう大丈夫ですよ」とおっしゃいましたが、私は半信半疑でした。

引き受け方法も教わりましたので、それからというもの、寝込んでいる場合ではないと想い直し、できることは何でもしようと引き受けを熱心に行ないました。毎日続けていると、娘のために行なっているのに、私の体調も良くなっていることに氣づきました。

その後、娘が病院で染色体の検査を受けたところ、ダウン症を示す数値に異常がないから大丈夫とのお墨付きをいただきましたが、生まれるまでは心配でした。

そして、出産の日。無事出産することができました。体重2870g。医師から「正常です」と言われ、うれしくて有り難くて、セミナー会場におられた藤谷先生にも報告したことを想い出します。

引き受け氣功では、今回の件以外でも多々助けられています。これからも日々、引き受け氣功を実践していこうと想っています。

数十秒のなるほどキャッチボールで、相手の闇が見る間に解消

宮崎慎也さん（長崎県）

これからの自分の人生、これからの社会情勢を良きものへ、ピンチをチャンスへと変える引き受けを教えていただきました。ここ1か月の、ありすぎてもはや奇跡とは呼べない奇跡体験の中から、ほんの一部をご紹介させてください。

ある日のこと。60代半ばくらいの方が、我が支所を訪ねてこられました。見るからに、世の中に対し否定的で満たされない不平不満の言動と雰囲氣。すかさず、相手の闇状態をキャッチして受け止め、引き受けて光に変えて出すこと数十秒。

すると、どうでしょう。その方の様子が変わっていくではありませんか。氣持ちが軽くなり、心が溶け合っていくのがわかります。支所をあとにする頃には、氣を許して穏やかで安らかな安堵の表情となりました。

こうした方は、昨今少なからずいらっしゃいます。しかし、どんな闇を抱えていても、

なるほどキャッチボールを数十秒実践するだけで、最後には手を振ってくださったり、深々とお辞儀なさったり、「心が軽くなりました。有り難うございます」との言葉さえくださるのです。

宇宙の仕組みに従えば、自然に良き状態に導かれるのではないでしょうか。見方、見え方が変われば、悪態をついていた人さえも愛おしい存在に想えてくるから、人間というものは不思議以外の何者でもありません。

もうひとつ。藤谷先生が常日頃おっしゃる「宇宙銀行の頭取」は存在します。

私には、自分の借金、相手の借金、2度の離婚、身内絡みの連帯保証人としての債務履行請求が降りかかっています。なんで、こんなに次から次へ、借金に追われなくてはいけないのか。すべては自分から生じていると受け止めきれず、心は嘆くばかりでした。

これまでも、返済に苦しいとき、もうだめだと想うたびに助かっていました。しかし数か月前、借金返済のために借金してきた残高が上限まで到達し、これで本当に終わりかと想ったときがありました。それでも天は私を見放さずに、宇宙銀行を東奔西走してくれていたのでしょう。

長らく使用していなかった通帳カードの暗証番号がわかれば申しこめるローンがあり、一度は申しこみに失敗しましたが、危機一髪で入力した暗証番号が当たり、またまた助けていただいたのです。借金返済期限のぎりぎり寸前でした。ありえません。

宇宙銀行です。ここから先はめどが立ってきています。コツコツと少しずつ借金を返済してまいります。意識クリーニングを続けながら。

「もうこれ以上借金生活を送りたくないんです！　借金で苦しまない平凡な生活が送りたいんです！　親を安心させたいんです！　最後の伴侶と出会いたいんです！」

シャカシャカ……。そして、なるほどキャッチ！　闇を受け止め、引き受けて光を出す！

なるほどキャッチボールは本当にすごいです。

以上、引き受け実践による運命光転率は、目下のところ２００％！　失敗はありません。成功あるのみ。

いや、失敗とか成功とかの次元ではありません。宇宙の仕組みですから、即実践すれば、即効果が出るわけです。よく成るように成るしかないのです。

未来は必ず確実に飛躍的に良くなっています。

イメージした通りになる、なんてすごいことでしょう！

角恵子さん（和歌山県）

引き受け氣功のことを初めて聞いたとき、いったい何？　と想いました。知人から藤谷先生を紹介され、セミナー会場へと向かったのが15年くらい前のことです。

第一印象は、普通の優しそうなおじさん。大丈夫なのかななんて想ってしまいましたが、セミナーが始まるや否や、引き受け氣功の世界に引きこまれていったことを、今でも鮮明に覚えています。

不思議なことばかり。目に見えない氣というか人の想いが通じる。想いが伝わる。イメージしたことがその通りになる。なんて、すごいことなんでしょう！　想いというものは必ず伝わると信じていましたが、一瞬にして伝わる。遠隔でも伝えられるとは知りませんでした。

私は、幼い頃から少し普通ではない子供でした。他の人に見えない物が見えたり、聞こえない音が聞こえたり、未来のことが予知できたり、知らない人の過去や未来が見えたりして、やっぱり私は少し変なのかなあとか、本当なんだろうかと悩むこともありました。

でも、藤谷先生に出会ってからは、セミナーのたびに氣持ちが楽になり、私は間違っていないと実感しています。

その想いは、喜多良男さんの『死帰』（鳥影社）と『霊界案内』（徳間書店）の本を読んで、確信に変わりました。

藤谷先生がいつもおっしゃっている「闇を引き受け、光を出す」天地宇宙の大調和の法則、人類の意識変革が実践できる引き受け人間学と、まさしく同じことが『死帰』に書かれていたのです。

「苦しみや困難を取り除いてくださいと願う祈りの代わりに『苦しみや困難に対してはこれは必要なものであるのなら喜んで引き受けます。どうか、それに耐える力をお与えください』と祈ってください。これが本当の祈りです」と。

引き受け人間学そのものです。

これからの人類の平和と地球生命が、より良く続くために引き受け人間学をひとりでも多くの人に伝え、私自身も、もっと意識（闇と光）コントロールを徹底して実践していきたいと願っております。

かわいがっていたインコ「たま」に導かれて人生が大逆転

中島嘉津美さん（福岡県）

人生の折り返しを過ぎた夫婦2人だけの生活に、ある日、かわいいインコがやってきました。「たま」と名付け、娘のように大切に育てました。

夫婦の会話も増え、賑やかで楽しい生活が7年続きましたが、２０１7年2月、体調変化に氣づいて鳥専門の病院を受診。検査の結果、腹部に大きな腫瘍があり内臓を圧迫している状態で、ターミナル（終末期）に入っていると説明を受けました。「在宅で看取りを」と言われ、号泣しました。

帰宅後、主人は私に「現代医学の力はここまでだ。氣功で治そう」と言いました。それまでの私は、暇があれば引き受けセミナーに行く程度でした。でも娘の命が、かかっています。この氣功にすがる想いで一心不乱に、集中して、シャカシャカを始めました。

実践ガイドを毎日見て確認し、実践の繰り返しです。また、イメージしやすいように、大調和エネルギーと運命光転装置の図解をコピーして、ゲージの上に貼り、実践ガイドとたまの写真も持ち歩きました。

一日中、引き受けの生活。本当に効果が出ているか心配でしたが、毎日引き受けを続け、ターミナル期とは想えないほど、よく食べ遊び、苦痛を感じていないようでした。私の好きな芸をやってみせ、「ほめて」と催促したほどです。

その時期の私は、すぐに天と繋がり、それまで感じたことがない（何か）を常に体感していました。目にするものすべて、目を閉じたときに見えるようなもの、音、つかめそうでつかめない手の中の感覚……。「これは氣？　愛？」と自問自答しては、なんとも説明できない有り難い何かに涙が出る日もありました。

そして3月25日の朝。主人を送り出し、いつものようにたまをゲージから出しました。たまは大好きなミカンを食べ、私の前で芸をし「上手ね」と私がほめた直後に、大きく背伸びをし、突然横になって目を閉じました。一瞬何が起こったのか理解できませんでした。

私はたまを抱いたまま、しばらく茫然自失の状態でした。氣がつくと、夕日が部屋に差しこんでいました。たまを亡くしたのに、身体の中の（何か）を暖かく感じ、無意識に動く体の揺れさえ心地よく、しあわせすら感じていました。

たまとの死別から私は霊感体質になりました。

引き受けを学んでからというもの、私の生活は一変しました。小さな娘の魂が引き受けへと導いてくれ、藤谷先生の「伝えたいこと」の意味を理解することができました。

天を感じ、光のエネルギーを味わうと同時に、霊にも触れ引き受けることで、光となって天にお返ししていく。「ああ、これが、大調和というものか」と想いました。今回、この不思議な体感を経験したことで、すべてが繋がりました。

私は特別な存在ではありません。ましてや特別な力もありません。「なるほど、そうか」とただただ引き受けただけです。

必然に出会う誰かのために、何かのために「天地宇宙よ、人類から宇宙の大調和のために私をお使いください」と、毎日楽しく愛呆《あっほ》に生きていきます。


主人も、以前、共同経営者であった親友と経営の考え方の違いから大喧嘩になったことがありましたが、熱心に意識クリーニングを実践していたお陰で「自らが変われば過去のかかわりまで修復される」という法則に繋がり、無事に仲直りすることができました。

「死神が迎えに来たほどのガンから生還。まだやることがある」

中迫邦忠さん（大阪府）

67歳のとき、直腸ガンの手術を受けました。医師からガンと告げられたとき、心の中で「申し訳ありません、私の責任です」という想いが湧いてきて、ガンを受け入れることができ、動揺もなく手術を受けることができました。引き受けのお陰だと想います。

ところが、術後2週間目に腸閉塞を起こして2度目の手術を受け、さらに術後の経過が悪かったため、翌日3度目の手術となりました。その後も傷口から出る膿《うみ》が止まりません。ガーゼ交換が追いつかないほどで、身体はもう限界です。それなのに私の心は、悲しくもなく恐怖も不安もなく平穏でした。なぜなのか自分でもわからず、不思議でした。

そんなとき、藤谷先生とスタッフの知念さんがお見舞いに来てくださいました。私も一生懸命シャカシャカしました。後日、知念さんから「あのとき、死神さまが迎えに来ているのが見えました。私が、今まで死神さまのお迎えを見た人の中で、生きているのは中迫さんだけです」と言われたのです。素人の私が初めて浄霊をさせてもらえたのだと、感謝でいっぱいになりました。

本当に、生かせてもらっていることに感謝でいっぱいです。そして自分にできることは何なのかを自問しながら、毎日前進しています。

こんな不思議なこともありました。知人たちと温泉旅行に行ったときの話です。

途中、人形供養で有名な神社に立ち寄りました。そこで山のように積まれていた人形のたちのすべてが、なぜか目が吊り上がり、怒りの形相で私を見ていたのです。知人も「こんな人形見たことない！」と驚いていました。私はそのとき「人形に怒り怨念の魂が入っているのでは」と想い、引き受けをさせてもらうことにしました。

翌朝再びその神社を訪れ、人形の顔を見ました。途端「え！　何これ？」と皆、声を上げました。人形の顔が優しく微笑んでいたのです。よかった。霊さんが光の世界へ上がってくれたのだ、と確信しました。

最近心配なのはミツバチの減少です。両親が養蜂業をしていたため昔は羽音がうるさいくらいでしたが、近年はほとんど聞こえません。アンズが結実しないのもそのせいではないでしょうか。今後は地球環境の引き受けを皆さまと共に頑張っていきたいと想います。

引き受けシャカシャカで人生観が変わりました

注文健康住宅経営　荻沼康之さん（神奈川県）

初めて引き受けセミナーに参加したのは２０１０年でした。幼少期より心の世界の修練に興味があり、基本講座を３回受講しました。

その後、原因不明の体調不良になったことをきっかけに、２０１４年秋に久しぶりにセミナーに参加。その時、藤谷先生がしてくださった私の病患部の波動チェックと、病院の頭部ＭＲＩ診断がほぼ一致していたことに驚きました。

それから私も一生懸命に引き受けシャカシャカをしました。あの日より脳患部の進行はストップし、今は元氣に生活しています。

仕事では、住宅建築終了後、お客様に引き渡す前に理不尽なクレームを受け、要望通りにしたのに満足していただけない状況に悩んだことがありました。

藤谷先生に相談すると、

「その方は、あなたを成長させるための責めまくり観音だから、怒りとか責めなどの闇ことばをシャカシャカしながら、しっかり吐き出してください」

とのこと。その通りに実践したところ、お客様のほうから「勝手なことを言い過ぎて悪かった。すみません」と頭を下げてきて、あっさり解決したのです。

今では仕事も順調で、すべて引き受けのお陰で感謝しています。

引き受けは、「サムシンググレート」を理解することと同じではないかと想っています。

筑波大学名誉教授・村上和雄先生は、著書『そうだ！　絶対うまくいく』（ＰＨＰ）の中で、偉大な存在を「サムシンググレート」と呼んでいます。

村上先生は、研究の過程において、サムシンググレートの力が働いたとしか想えないような助けを、何度も体験されたそうです。

人間の能力は無限であり、夢や願望は「強い信念を持って根氣よく取り組めば実現する」と書かれています。

「こういうことをやりたいというはっきりした目的」「その目的に向かってひたすら努力を続けていること」「努力を続けても何かの障害に阻まれて行き詰まっていること」の３つの条件がそろったときに、まるで雲間から日の光が差しこむように、助けの網が下りてくる、ふと頭が冴え、普段では見えないものが見え、考えつかないようなことがひらめくそうです。

私は、人は「努力」という車輪と「運氣」という車輪でできており、その両方があって初めて前進できると考えています。その運氣への後押しの力を学ぶことが、引き受けを学ぶ真髄と解釈しています。

努力と運氣の両車輪で、ますます人生を素晴らしいものにしていきたいと願っています。

父のガンをきっかけに引き受けと出合い、人生が素晴らしく

社会福祉法人優愛会理事長　松田純武さん（宮城県）

父のガンをきっかけに引き受け氣功と出合いました。

ガンがわかったとき、あまり大きな衝撃を受けませんでした。そのときはなんとなく治る氣がしていました。というのも、そのひと月前に村上恵三さん（186ページ参照）との出会いがあり、甲状腺ガンで余命6か月と言われたものの、引き受けてシャカシャカしたら、病院の検査の結果ガンが完治していたことを聞いていたからです。

2009年2月、手術予定の次の日に藤谷先生が仙台に来ると聞き、外出許可をいただいて、引き受け氣功を受講しました。その際、藤谷先生から「引き受けると大丈夫だよ」と言われたのを鮮明に覚えています。

それから、私と両親共にシャカシャカしました。その後の検査結果でビックリの報告を受けました。ひとつの検査結果が陰性となり、MRIで確かにそこにあるはずのガンの症状が出ていなかったのです。医師も不思議がっていましたが、結局それからガンはどんど

ん小さくなっていき、1年7か月後の検診の際には全くなくなってしまいました。最初の検査では、膵臓ガンを手術しないと余命1年6か月と言われていたのに、です。

引き受けの奇跡はまだまだ続きます。

経営している保育園をもう1園増やそうとしたとき、通常受けられる補助金が、当時社会福祉法人でなかったため受けられず、断念しようと考えたことがありました。ところが、宮城県の木材を使う補助金を受けることができたのです。

また、建築会社が「必ず宮城県沖地震が来るから」と地盤改良の変更を求めてきたため、コンクリートの柱を200本以上入れることに。そして何と、引き渡しの1か月後に東日本大震災が起きたのです。保育園は奇跡的に守られました。一部浄化槽が浮き、配管が破損したものの、4月1日に無事開園することができたのです。本当に救われました。

まだまだたくさんありますが、引き受け人間学で教わったことを実践しているだけですべてが良くなっていくことを感じています。毎日の引き受け実践により、すべてを受け入れる考え方が人類から地球まで良い影響を与えることができると想うだけで、日々の生活が楽しくてたまらない人生となっています。

病氣、台風、大地震……引き受けですべてが光転！

岡本佳子さん（熊本県）

藤谷先生とは26年来のお付き合いになります。引き受けで、10年来悩まされていた原因不明の頭痛と胃痛が治り、2度の脳梗塞を経験したものの後遺症もなく回復し、口腔ガンの診断も1か月後に消えるという、数々の奇跡を経験しました。

さらに驚くべきことに、台風と地震でも引き受けの効果はあったのです。

2006年、熊本を大きな台風が襲いました。大荒れで、窓の外を見るといろいろなものが飛んでいます。ふと見ると、車のタイヤ数十本が家の周りに積んでありました。このタイヤが強風で吹き飛ばされたら……そう想うと恐ろしくなり、あわてて引き受けを開始しました。

台風を引き受けるなんてと想いましたが、以前に藤谷先生が熊本の花火大会にいらしたときのことを想い出したのです。そのとき、空は真っ黒で今にも降り出しそうな氣配でしたが、先生が「雨を引き受けてみよう」と言って引き受けを始めると、空がみるみる明るくなって晴れたのです。花火大会は無事行なわれました。そして家に帰るなり、雨がバーッと降ってきたのです。あれは不思議でした。

そのときのことを想い出し、台風自体を引き受けることは難しいけれど、被害を小さくすることはできるかもしれないという期待を持って、一生懸命やりました。

家全体を氣のベールでくるんで、それを手の平の中におさめるイメージをして、「我が家の物が飛んで周りに迷惑をかけませんように」とシャカシャカをしました。

するとタイヤが飛んでいかなかったのはもちろん、ほとんど被害がなかったのです。自転車さえも倒れませんでした。

時は移って2016年。熊本を大地震が襲いました。我が家はもっとも被害の大きかったところからは少し離れていますが、それでも周囲は大変な被害を受けました。

ところが、その中にあって、うちはまた被害がほとんどなかったのです。

最初の地震が来た時点で、すぐにシャカシャカを開始。台風のときと同じように家を氣のベールで包んで、手の平に入れて「地震を引き受けます」とシャカシャカする……というものですが、このときは我が家の上の家と下の家も全部くるむイメージをしました。地震の揺れを少しでも受けないように、家を浮かせるイメージもしました。すると何ひとつ倒れず、被害はほぼゼロでした。

ほっとしたのもつかの間、その2日後に本震があったのです。夜中のことで、私たちは寝ていましたが、恐ろしく揺れ、本氣で家が倒壊すると想いました。

急いで家族全員で車の中に逃げ、また大きな余震が起こらないように、エネルギーを小刻みに発散してくださいと心の中で唱えながらシャカシャカしました。

不安のうちに一夜を過ごし、翌日恐る恐る家に入ると、家の中はいつもとほとんど変わらなかったのです！　2階に収納している200冊の本が50冊ほど落ちていたこと、壁のクロスが少しずれたこと、風呂場のタイルにひびが入ったぐらいでした。

隣家では電子レンジが落ちて壊れたと言っていましたし、市内の友達の家では食器棚から食器が落ちたとか、冷蔵庫のドアが開いて中の物が飛び出したとか、いろいろ大変だったと言っていました。

引き受けを知ったことで、大きな氣付きを得ることができましたし、人生のピンチを救ってもらいました。今、自分がここに生かされていることに感謝の氣持ちでいっぱいです。

2度の全滅を乗り越え、引き受けで養蜂場が甦りました！

明利忠昭さん（兵庫県・2009年9月のメールより）

200万匹の生命力溢れるミツバチが生活する「宝塚はちみつ」の養蜂場。私は夢のような氣分でここに立っています。昨年も一昨年も沈黙の中で迎えた秋、羽音の消えた養蜂場に呆然と立っていた自分を想い出すと、この盛況ぶりが夢のようです。

一昨年、5、6月の採蜜が終わり、7月に入った頃、異変は始まりました。何となく蜂の数が減ったように想われたのです。群れは日に日に弱っていき、7月末には全体の半分にあたる群が再起不能の状態に。一群あたり4万匹ほどいたミツバチが、わずか一握り（100匹ほど）になり、8月末には羽音は完全に途絶えました。数十群が全滅したのです。

やがて、日本各地から蜂群崩壊の情報が入ってきました。海外でもミツバチの大量失踪、大量死が報道されるようになりました。ミツバチがいなければ養蜂業は成立しません。不安の中で迎えた昨夏、悲劇はまた起こりました。全滅です。全身から力が抜け、眠れない夜が続きました。

ここで引き受け氣功が登場するわけですが、ご縁を得て、この年の3月から参加していた家内に勧められたのが、この不思議な物語のそもそもの始まりです。

大阪での昨年8月のセミナーの日、藤谷先生に相談しました。数秒間、目を閉じ、氣を集中させていた先生はこうおっしゃいました。「原因は黄砂です。私は数年前から、この黄砂の毒氣でミツバチや小さな虫たちが死ぬのではないかと懸念していたのです」と。

ここ数年、春先の黄砂の量が多くなっているのは知っていましたが、まさかそれが蜂群崩壊の原因になっているとは想いもしませんでした。

東アジア内陸部のタクラマカン砂漠、ゴビ砂漠、黄土高原地帯を源とする黄砂は、公害垂れ流し状態の中国上空を通過して日本に到達し、北アメリカ大陸まで運ばれて行きます。中国の上空で重金属やその他の有害物質をびっしりつけた粒子が日本に降り注いでいることに。環境指標生物といわれる敏感なミツバチが、影響を受けないはずはありません。

「どうすればいいですか」という私の問いに、

「黄砂の毒気を引き受けましょう。黄砂をものともせず、活き活きと活動するミツバチをイメージしながら引き受けるのです。私たちも引き受けますから大丈夫です！」

力強い言葉に、一挙に胸のつかえが下りたような氣持ちでした。

10月1日から本格的な実践を始めました。養蜂場への行き帰り、「ピンチをチャンスに引き受けます」「ごめんなさい、有り難うございます、愛しています」と言い続けました。養蜂場へ着いたら、まず「有り難う、愛しています」と言いながら、巣箱の間を回り、その後仕事に取りかかるようにしました。

ひたすら引き受けを続ける私たち夫婦の身辺に、いろいろな変化が起こり始めました。まず、全国的なミツバチ不足の中、新しいミツバチの購入は絶望的と想われましたが、奇跡的に必要な数の購入が可能になりました。また、ミツバチの価格が高騰して予算不足となり困り果てているときに、融資してくれる人が現われました。さらに、蜂蜜がいろいろなメディアに取り上げられ、注文が殺到しました。

藤谷先生の「引き受けは貯金できますから、どんどんやっておくといいですよ」という励ましに力を得て、とにかくがむしゃらに引き受けました。引き受ける内容も黄砂の薬害・害毒はもちろん、ミツバチの病氣、事故、生命力の低下、ダニなどの寄生虫、大量死、農薬の薬害・害毒から、家族の健康や経済問題など、多岐にわたるようになっていました。

相当の貯金をして、いよいよ今年の春本番。打つべき手はすべて打ち、引き受けにもさらに力を集中するようにしました。最後は天地宇宙の無限力にすべてを託した氣持ちになり、心に余裕ができていたように想います。何も言うことのない完璧な状態です。

そこには引き受けながらイメージしたミツバチの溢れる巣箱、ミツバチの群舞する真夏の養蜂場が実現していました。何もかもが正常。魔の季節、猛暑の夏を乗り切ったのです！

本氣になって引き受け氣功を始めてから、1年が経とうとしています。藤谷先生のおっしゃる「すべては後からついてくる」を身をもって体験しました。引き受けが実現するために必要となる「人」「物」「状況」「情報」などが、タイミングよく現われるのです。

最近はシャカシャカのあと、20分間のイメージングの時間も設けるようにしています。実現した様子をイメージし、まばゆい金色の光で包み、そこに実在するかのように描くようにします。そして最後に、天地宇宙の大きな輝く力にすべてを託す氣持ちで終わります。

200万匹ほどの生命力溢れるミツバチが生活する宝塚はちみつの現在の姿は、イメージしてきた通りのものです。「引き受けて引き戻せばいい」「すべては必然。越えられない闇はない。ピンチはチャンス。大丈夫！」。藤谷先生の言葉が心に染みた1年でした。

「奇跡が次々とやってきて、感謝の氣持ちでいっぱいです」

明利ひかるさん（兵庫県）

ミツバチとともに、自然の中で四季の素晴らしさを感じながら暮らす生活を夢見て始めた養蜂。難関に直面し、引き受けに出合って解決した経緯は、237ページで主人が述べたとおりです。そしてミツバチの問題が解決した頃から、我が家の快進撃が始まりました。

ある日、養蜂場の隣の広い土地が売りに出されることになりました。値段は1200万円。到底買える値段ではありません。困ったことになったと想いました。養蜂は特殊な仕事です。ミツバチに刺されたと近所から苦情を言われ、問題になった養蜂場もあるのです。

ダメ元で、知り合いの不動産屋さんを通して、安く貸していただけないかとお願いすると、しばらくして不動産屋さんから連絡がありました

「亡くなった持ち主の奥様が、あの土地をお貸しします、お金はいただきません、どうぞただで使ってください、とおっしゃっています」

にわかには信じ難い想いでした。奥さまは「主人が氣に入っていた場所なので、誰にも

売りたくないのです。買えるようになったら買ってくだされば結構です」とのことでした。

有り難くお借りした土地は雑草が生え、柵は壊れ、荒れ果てていました。

あるご縁で、井戸の回復工事をKさんという方にお願いすることになりました。工事のあと、Kさんは「中古だけれど十分使える活水器を差し上げましょう」と言うのです。新品を買えば20万円以上はするものです。Kさんは、早速井戸に取りつけてくれました。なんてラッキーなのでしょう！

また昨年はミツバチが増えたので、大幅に養蜂器具を増やす必要に迫られましたが、資金が足りません。「どうしよう？」と困り果てていたら、資金を出してくれる方が突然現われました。10年返済で、しかも現金でなく蜂蜜で返してくれたらよいという、願ってもない条件を申し出てくださったのです。本当に助かりました。

宝塚はちみつでは、１００％の純粋な栗蜜を採りたいというのが創業当時からの夢でしたが、実現は困難でした。しかし諦めずに引き受けを続けていました。すると……。

宝塚は日本有数の栗の生産地であり、その中でも何度も農林大臣賞を受賞している随一の栗農家さんの栗林に巣箱を置かせていただけることになったのです！

困り事があると、必ず想ってもないところから助けの手が差し伸べられて問題が解決します。宇宙と繋がっていると実感せざるを得ません。最近は、何か起こっても「大丈夫、必ず良くなる！」と、大安心の境地です。

主人は養蜂場に入るときはお辞儀をして、巣箱の間を歩きながら「有り難うございます。有り難うございます」と感謝しながら見て回ります。帰るときも「今日も1日有り難うございました」と一礼して養蜂場を後にします。

私も出荷するときに祝詞をあげ、花々やミツバチたちに感謝し、「この蜂蜜がお役に立ちますように。召し上がる方がお元氣になられますように」と、お客様の健康と幸せを心から祈っています。

愛と感謝のエネルギーに満たされた蜂蜜です。この蜂蜜はきっと多くの方々に幸せを運ぶと信じています。主人は養蜂の最盛期には忙しくてできないのですが、秋冬には早朝2時間をかけて引き受けと瞑想をやります。今年もその季節がやってきました。

これからもますます引き受けに精を出し、ミツバチと自然がもたらしてくれる高品質な天然蜂蜜を生産して、多くの方のお役に立てるよう願ってやみません。

あの２００８年のミツバチ壊滅状態から、昨今では７００万匹にまで回復しています。それに、通常は20〜30%の女王バチの生還率が、なんと95%以上なのです。これも天からのプレゼントではないでしょうか。

今、日本だけでなく、全世界でミツバチがどんどん減少しています。人類の主な食料の90%はミツバチの受粉で成り立っています。このままでは数年後には食料危機がやってくると専門家も言っています。皆さまも、全世界の空氣汚染や残留農薬毒素などの引き受けを実践していただきますようにお願いいたします。

ピンチをチャンスに変える引き受け人間学

一般社団法人ワンダーライフ理事長　向久保元一

引き受け人間学は、創始者である藤谷泰允が、自己のつらい体験を通して得た癒しの心で施療を行なうことから始まりました。29年もの間、人生に関わる諸問題を解決するための方策をひたむきに研究し、開発を続けた結果、ついに、誰もができる簡単で効果的な解決方法が完成しました。

そのベースとなったものが「自分が、私（代表）となり、世界の病氣や事故、事件、戦争から自然破壊まであらゆる闇を『引き受け』れば『光となる』」という画期的な発想であり、自己研鑽《けんさん》と癒し技法の中から見い出した重要かつ唯一無二の宇宙法則です。

その後、引き受け氣功から引き受け人間学へと進化。適用範囲も広がり、病氣の癒しから、精神障がいや人間関係の諸問題、自然現象の諸問題まで多岐にわたっています。

この地球に生まれてきた目的は「幸せを感じて生きること」です。しかしながら、生まれてきたこの世界は身体・精神・人生の問題を体験する舞台でもあり、この舞台の上で、人々は悩み、苦しみながら問題に対応してきました。

それらの問題は、生まれる前にそれぞれが自分に課してきた解決すべき課題です。解決する過程で襲ってくる恐怖、怒り、失望、悲観、不安など多くの闇想念（闇の課題）から解放され自由になるための簡単で有効な方法が引き受け人間学です。

引き受け人間学の特徴として次の項目があります。

○実践が簡単で（個人差はありますが）効果が早い
○すべての「いのち」に有効
○他を害さない、妨げない
○闘わない、比べない
○頼らせない、個人の自立・自在・自由が基本（尊く、強く、正しく、清く）
○闇を光に簡単に変えられる
○原因を取り除き、問題の解決を行なう
○宇宙のルールに従っている（宇宙意識、本心、良心、まごころ）
○自分（他人）のために実践でき、自分（他人）のための実践が人類と世界の幸せに繋がっ

ている
○地域、国家、自然、宇宙の問題や課題の解決にも有効。結果として、実践者は、自身の能力を高め、家族、社会、自然、宇宙から必要とされる存在になれる

２０１５年7月から始めた意識クリーニングセミナーは、日本の１１００人、そして、ゆくゆくは世界の８８００人の参加を目標に活動していきます。日本人と世界人類73億人の集合意識を変革し、宇宙真理に基づいた社会の実現を目指しています。

意識クリーニングセミナーでは、個人、家族、地域、日本、世界が光り輝き、世界の幸せと平和を達成させる「同志」としての参加者を募集していきます。

人は、幸せに人生を生きることが今世の目的です。生活の局面、局面の積み重ねがそれぞれの人生になります。その場面場面で判断する根拠となる意識により、幸せな人生か、そうでない人生なのかが決まります。闇の意識で物事を判断するのか、光の意識で物事を判断するのかが岐路になります。

意識クリーニングでは、闇の意識を光の意識に変えます。これまでの人生で無意識に染みついている「溜めこまれた否定的な想いこみ＝トラウマ」に加え、「カルマ（業）」や「先

祖の闇の流れ」「心身の闇＝不健康」をクリーニングします。

意識クリーニングを行なっている方々からは、後悔や将来に対する不安がなくなり、人生に対する見方が肯定的、積極的になったとの感想が数多く寄せられています。

さらにクリーニングすることで偽我、雑念、妄念が消え、真我が現われ、宇宙真理に基づいた本来の自分を取り戻すことができると考えています。社会や周りからの期待や偽我や他人の価値観で生きるのでなく、個人が宇宙真理に基づいた本来の自分の価値観で生きることが一番大事なことだと想います。

人生で起きることのすべては、生まれる前に決めてきたものです。それが約束事であるのならば、どのような約束事が現われても、宇宙・自然の「イマ」と「ココ」に繋がり、元氣で、楽しく、うれしく、幸せを感じながら生きていきたいものです。

「自分はダメな人間だから何をやっても成功しない」「他人から親切にしてもらえない」「欲しがるのは闇だ」「他人は危険だ、信用してはいけない」「自分の考えを言うのは闇だ」などと想いこんでいるなら、あなたはピンチに遭遇されています。

引き受け人間学的にいえば、ピンチのあなたは人生の大チャンスをつかんでいます。

わずかな時間、5分、いや一瞬でかまいません。シャカシャカしてみてください。ネガティブな氣持ちがポジティブに変わり、「必ず道は開ける」という氣持ちになります。

そして、いつのまにか考え方や行動は変化しています。自分が氣づかなくても、周りの人があなたの変化に氣づいてくれるでしょう。


引き受け人間学は、引き受ける方の波動の高さ・ステージに見合った効果をもたらします。引き受ける方の波動の高さ・ステージが上がれば上がるほど、より高いステージの大きな課題を引き受けることができます。このたび完成した引き受け人間学は、皆様に実践していただきながら、これからも宇宙と自然の進化に合わせて進化していきます。

世界で初めてともいえる宇宙・世界・自然を癒し、大調和を実現できる「ピンチをチャンスに変える運命法則」を、国内外の皆さまに実践していただきたいと切に願っています。

この本を読んでくださったあなたは、人生を生きる生涯の道具を手にされました。ピンチをチャンスに変える運命法則を、存分に使いこなしていただきたいと希望しています。

実践されて効果を感じられた皆さまから周りの方にお話しいただき、幸せの輪を広げていただければ幸いです。

おわりに

『ピンチをチャンスに変える運命法則』に最後までお付き合いいただき、本当に有り難うございます。

この引き受け人間学は、私とワンダーライフのスタッフ、そして会員の皆さまとで、29年の歳月をかけ独自に研究開発してきた実践哲学です。

身体の病氣、人間関係のあつれき、事件や事故から天変地異まで、長い歴史の中で、人は解決策を求めて探求してきました。人々は長い間、嫌なことが来ないようにと闇（鬼）を押し返し、良きこと（福）だけが来るように求め欲しがってきました。実はそれが苦しみの大きな原因だったのです。

私たちは、すべての人が元氣で幸せと平和を感じて生きるにはどうすればよいのか、人生と地球にかかわる諸問題の対策にチャレンジしてきました。そして私自身の若い頃からの苦悩体験、ひとつひとつの出会いと出来事は、天と人、人と人との必然の約束事であり、宇宙からのメッセージであったと氣付くことができました。

その結果、未来からやってくるすべての出会いと出来事を、あるがままにまずは「なるほど」と受け止め闇を引き受けて、そしてもう一度「元々の光に戻す」という画期的な発想にたどり着いたのです。

その後、還暦の誕生日に天からのメッセージを受け、左手の平で闇を引き受けて、右手の平から光を出す現在の作法ができました。それ以降も天からのメッセージとセミナー参加者からの数多くのお陰さまをいただき、66歳の今年、2017年に「引き受け人間学」がついに完成したのです。感謝に堪えません。

第7章にあるように、引き受け人間学を実践されている方々より寄せられた、病氣の癒し、人間関係の改善、自然災害の引き受けなどの適用例は枚挙にいとまがありません。

海外研修も数多く実施しました。アメリカのシアトルでは引き受けセミナーを行ないました。水の研究では、フランスのルルドの泉やブラジルのトルマリン鉱山へ、また末期ガンから生還した村上さん（186ページ参照）と一緒に、ブータンや赤道直下の国フィジーやキリバスへ行って地球温暖化の調査もしました。モンゴルや台湾には、ワンダーライフ主催で不思議体験セミナーを企画し、行ってきました。

また、南アフリカでは、山元さん（かっこちゃん）たちとの研修で、世界的に活躍している写真家・野村さん（てっちゃん）との出会いをいただき、今ではお2人共に良き友人として関係を続けています。

そのご縁で、２０１７年秋には南米ペルーへ。新発見された古代ロマンの歴史探求に行き、ペルー国認定・天野博物館の阪根さんのご案内で、マチュピチュ遺跡やアンデス地方のレインボーマウンテン（５０３０ｍ）に登りました。そのとき、私の魂が過去世の記憶を想い出し、野村さんの前で号泣するという経験もしました。

さらに、現在、東京地区では日本キックボクシング元チャンピオンの亀山さん（かめちゃん）が、「引き受けを世界に出しなさい」と天からのメッセージを受け、宇宙の宣伝マンとして、お世話とともにご自身のフェイスブックで全国発信なさっています。

私が24歳のときに出会いをいただいた恩師の高橋先生は48歳で、岡部先生は97歳で他界されましたが、お2人共に心から尊敬しています。

岡部先生のご縁で、北海道の村上さんと池田さんに出会いました。村上牧場では、自家乳製品の製造販売をされています。池田牧場には20年前に搾った牛乳が池田家の廊下に置いてあります。その牛乳は今でも飲めるのです。自然の力はすごいですね。

島原の唐津さんは微生物の研究者で、日本のみならずベトナムの農業や漁業のために活動されています。熊本の嶋村さんは鹿角霊芝《ろっかくれいし》製法特許を持ち，薬剤メーカーから注目されています。熊本の藤芳さんは、世界の湖水・海水の浄化のため、アサリなどの二枚貝やナマコの研究をされています。

韓国の陳会長は、お孫さんのアトピー性皮膚炎を治したいとの想いから、セリサイト（絹雲母鉱石）に注目され、15年ほど前から研究開発に取り組んでこられました。今では、セリサイト鉱石を利用した環境保全事業を多角的に行なっています。

以上の6人の方とは、自然環境引き受けの同志として、これからもお互いに協働し、社会貢献を通して世界を良くしてまいりたいと願っています。

29年前の開業当初、ある男性に潜在意識開発を行なったところ、低次元の波動に繋がり「私は神じゃ」と精神錯乱状態になったので、これは危険と想い、潜在意識開発はやめて、引き受け体操や顕在意識のクリーニングのみを行なっていました。しかし、あるとき潜在意識のクリーニングが必要とのインスピレーションを得て、全国13か所で宿泊セミナーを実施しました。

そして、２０１０年6月より脳意識と顕在（心）意識と潜在（魂）意識の三層意識クリーニングセミナーを始めたのです。その結果、多くの会員さんが身心共に元氣になり、さまざまな問題が解決して人生が輝くようになりました。

最近、上古代文字カタカムナ48語で「引き受け」には次の意味があることを知りました。

またバシャールからのメッセージとして「シャカシャカ」の言葉の意味も知りました。

ヒ＝宇宙根源の生命エネルギー（宇宙の電氣）を出す

キ＝エネルギーの振動

ウ＝生まれる

ケ＝放射する

シャー＝宇宙の中心に繋がる言葉

カー＝人間の中心に繋がる言葉

想えば、「引き受け」も「シャカシャカ」も本当に不思議ですよね。

引き受け人間学は、簡単で特別な費用がかかるわけでもなく、どなたでも実践できます。そして人類の平和と地球を守ることに貢献できるのです。

今後は日本から全世界に向けて、8800人の集合意識クリーニングメンバーを募集してまいりますので、皆さまのご参加を心からお待ちしております。

これからも自然と宇宙の進化に合わせて、天と人、人と人との約束に導かれる生き方を続けながら「ピンチをチャンスに変える運命法則」を基に国際プロジェクトの意志を持って世界貢献をしていきたいと願っています。

最後になりましたが、出版にあたりご協力いただきましたワンダーライフのスタッフと会員の皆さま、出版元のビオ・マガジン社に心より感謝いたします。本当に有り難うございました。

2017年秋

引き受け人間学 創始者　藤谷泰允（YASU）

(2)(3) Affirm:しっかりと想ってください。

"From the moment of waking up today untill the moment I wake up tomorrow, I will accept the darkness of humankind, the earth and the Universe through my left hand, and continue to release it as Light through my right hand as a representative of my loved ones and my environment."

「今日の目覚め今この時より、明日の目覚め思い出すときまで、
私は、私の家族を含む愛する人々・物ごとの代表として、
人類から地球宇宙の闇を左手より引き受けます。
そして、右手より光を出し続けます」

(4) "Oh, Universal Consciousness!

Please utilize me for the Great Harmony of humankind, the earth and the Universe."

Join your hands in prayer of " Thank you".

天地宇宙よ!
どうぞ、人類から地球宇宙の大調和のために私をお使いください。
「有り難うございます」と合掌します。

Then do "Shaka-Shaka" several times, visualizing that a miniature version of yourself enclosed within a luminous sun is ascending toward Universal Consciousness, and affirm to yourself: "Oh Great Harmony! Switch on!"

そして数回シャカシャカします。
このとき、シャカシャカの両手の中にある小さな輝く太陽と、その中にいる小人の私が、
天に向かって上昇しているとイメージしてください。
そして、「大調和!　スイッチオン!」としっかりと言葉にするか想ってください。

Pledge to immediately accept whatever you encounter today with openness, with the attitude "Oh, I see!", and to accept the darkness and release it as Light, and start the day.

今日1日、何があっても、まず即座に「なるほど」と受け止め、
そして闇を引き受けて、光を出しますと心に誓い、1日をスタートします。

The Daily Practice 日々の生活実践

<At the moment of waking up>
目覚めた瞬間に

Tell yourself:
Oh, Universal Consciousness!
Today, I accept crises and turn them into Opportunities!!
I'm sorry! Thank you! I love you!

自分自身につぶやいてください。
天地宇宙よ！
（今日、私は）ピンチをチャンスへと引き受けます！
ごめんね！　有り難う！　愛しています！

By saying above two phrases,
your subconscious (soul) and conscious
(heart & mind) are quickly connected at this time,
and the Crown Chakra and the Forehead Chakra will be activated.

上記2つの言葉をつぶやくと、
あなたの潜在意識（魂）と表面意識（心）がすぐに繋がり、
頭頂チャクラと脳幹チャクラが活性化されます。

<Pledge after waking up >
目覚めたあとの誓い

(1)Connect 天と繋がる

Place your left hand face up and your right hand face down.
Feel that you are connected with Universal Consciousness,
representing your loved ones and your environment.

あなたの左手の平を上向きに、右手の平を下向きにセットします。
そしてあなたが、あなたの家族を含む愛する人々・物ごとの代表として
天と繋がっていると想ってください。

1)By "as a representative of your loved ones and your environment",
it is understood that all beings & things related to you such as animals, plants, cars, houses, lands, offices, factories, and so on, are included in this term.
Because the Universe is one interconnected life from micro to the macro, both you and others(the world) will receive the Light of Great Harmony from the Universe regarding yourself as a representative of your loved ones and your environment and including the world.

1)「あなたの家族を含む 愛する人々・物ごとなどの代表」とは、
あなたや、あなたの家族を含む関係ある人間、動植物、車、
宅地建物、会社工場など、さまざまないのちの代表のことです。
なぜなら、宇宙は極微から極大まで、ひとつのいのちに繋がっていますので、
あなたが、自分をあなたの家族を含む 愛する人々・物ごとや、
世界の代表(本文の「私(代表)」)とすることで、自他(世界) 共に、
宇宙より大調和の光を受け取ることになるのです。

2)During Shaka-shaka practice,
the "small version of yourself" is understood to be a representation of yourself.
In the Hikiuke Way, "yourself" actually containstwo meanings; one is yourself, and the other isa person or the world that youmay want to do Hikiuke on behalf of.

2)「シャカシャカ」しているときの両手の中の「小人のあなた」とは、
あなた自身のことです。しかし、引き受け人間学では、
この「小人のあなた」には、実はふたつの意味があります。
ひとつは、自分自身のことであり、もうひとつは、
自分が成り代わって引き受けたいと思う他者・世界のことです。

It is very important to understand that if you initially try to push away the darkness, and only afterwards try to accept it, your efforts will cancel each other out, and your life will not improve. Therefore, no matter what happens, first accept it immediately and release it as Light with the feeling, "this is healed".

これはとても大切なことですが、あなたがいったん闇を押し返しておいてから、
その後に光を求めて引き受けても、(押し返しの闇と引き受けの光が)
帳消しになって、人生が向上しないということをしっかりと理解してください。
よって、何があっても、まずは即座に引き受け、
「大丈夫、治った!」と光を出しましょう。

As a result, your destiny will transform, and you will come to feel, "because of all the difficulties I've experienced, I have gained a new life."

その結果、あなたの運命が光転し、
「あんな大変な人生を引き受けてきたからこそ、
今の新しい人生があるのだ!」
という想いに変わるのです。

So accept the darkness, and release it as Light. Turn Crises into Opportunities!!

さあ、闇を引き受け、光を出して、
ピンチをチャンスへと大転換しましょう!!

In a basin of water, when you push water away,
it will circle back to you.
And when you try to draw water toward yourself,
it will circle away from you.
Likewise, when you try to push the darkness away,
it will return to you.
When you chase after Light, it will go away.

たらいの中の水は、押し返せばあなたに戻ってきます。
そして、自分のほうへ引き寄せようとすると逃げていってしまいます。
そのように、闇を押し返せば、闇はあなたに返ってきます。
また、光を引き寄せようとすると、光は逃げていってしまいます。

In an echo, your voice will return to you as you shout it out.
What you release will be exactly what you receive.
When you release Light, Light will return to you.
When you release darkness, darkness will return to you.

山びこは、出した声はそのまま返ってきます。
あなたが出したものはあなたに返ってきます。
光を出せば光が返ってきますが、闇を出せば、闇が返ってきます。

This is the 'Law of the Universe'.
Therefore, in the Hikiuke Way, we engage in a practice to
accept darkness and release it as Light.
Because darkness is actually nothing but shadow created by
Light, when you accept darkness,
it will return to its original form—Light,and return to you.

これが「宇宙の法則」なのです。
よって、引き受け人間学では、闇を引き受け、光に戻して出すのです。
なぜなら、闇は元々光の影ですから、
あなたが闇を引き受ければ、その闇は元々の光になって戻ってくるのです。

While moving your hands in the Shaka-Shaka motion, imagine the miniature self rising to merge with Universal Consciousness.

「シャカシャカ」しているときは、両手の中の小人のあなたが
天に向かって上昇しているとイメージしましょう。

If you have unresolved negative thoughts or emotions, and desires, speak your negativities into your "Shaka-Shaka" hands as you breathe out long from your abdomen. The Shaka-Shaka process acts like a purification chamber, and all negativities you emit into your moving hands are transmuted into Light

あなたの中に暗い思いや感情や欲望などがあれば、腹式呼吸で息を長く吐きながら、
「シャカシャカ」している両手の中に、その闇ことばを吐き出してください。
このとき、「シャカシャカ」する行為は闇浄化装置のようになり、
この中にあなたが吐き出す闇はすべて浄化され、光に変換されます。

The more negativities you spit out, the more effective the process is. However, it is important to note that outside of the "Shaka-Shaka" practice, you should speak positively and envision the best outcome in your daily life.

あなたがより多くの闇をこの中に吐き出せば吐き出すほど、
さらに良い結果が導かれます。
ただし、日常生活の中で、「シャカシャカ」していないときは、いつも光ことばを話し、
最良の結果が訪れている！と、光のイメージをすることが大切です。

One of the Universal principles behind Hikiuke can be understood in the analogy of a basin of water and the phenomenon of echoes:

引き受け人間学を支える普遍原理のひとつに、
「たらい」の水と「山びこ」の現象にたとえた法則があります。

Illustration I

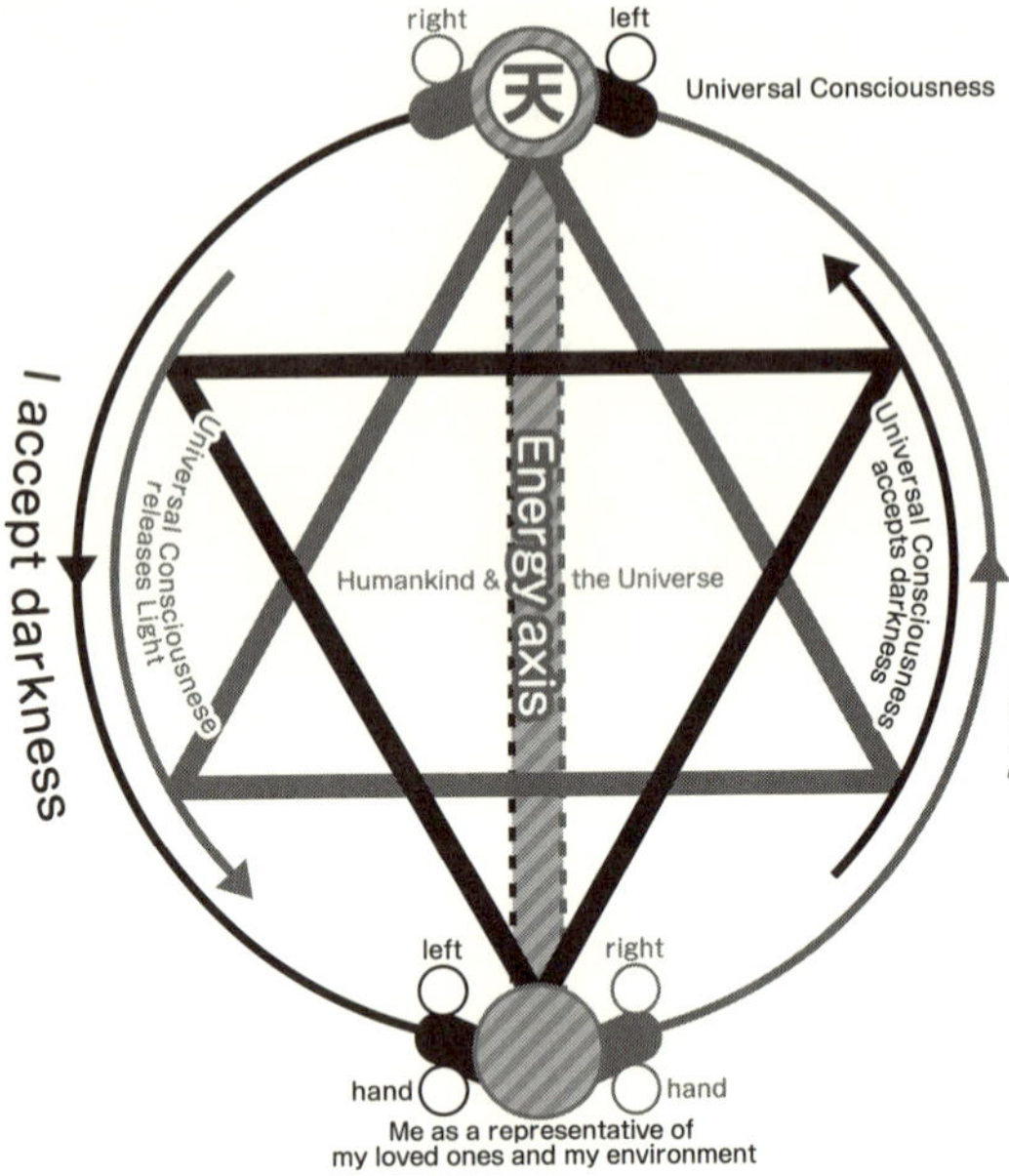

Illustration II

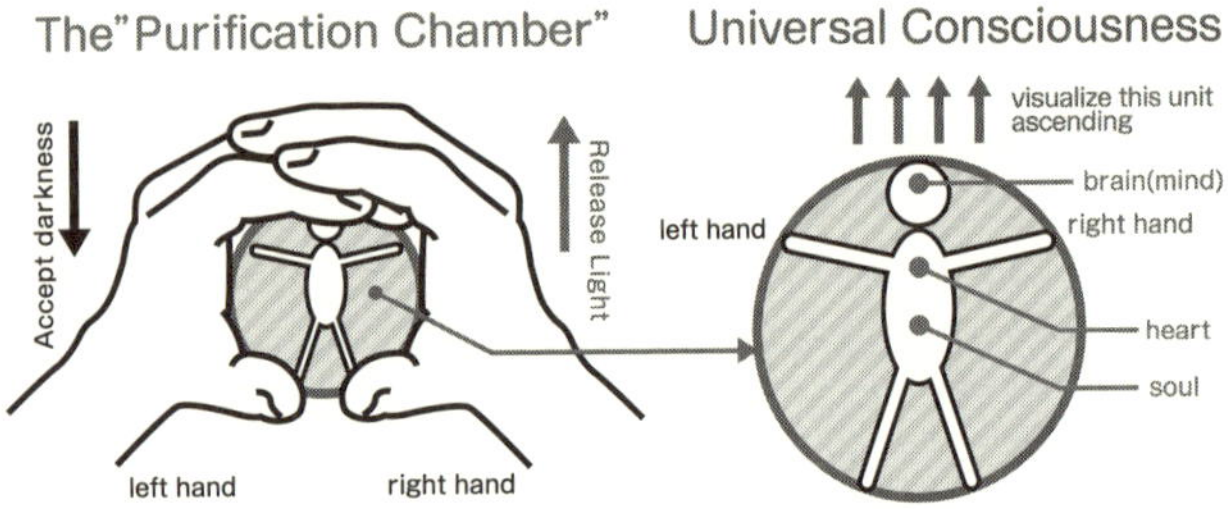

Right palm is cupped over the left

Imagine a miniature version of
yourself within a miniature sun is facing the Universe.

This is the rear view.

闇（ネガティブな思考や感情や状況など）を
「引き受けます」と想ってください。
（闇を引き受けた分量だけ、天から光がやってきます）

Step 3. RELEASE 光を出す

Imagine that you are releasing Light from your right palm. (Universal Consciousness accepts as much darkness as the Light you release.)

あなたの右手の平より「光を出します」と想ってください。
（光を出した分量だけ、天は闇を引き受けられます）

Step 4. SHAKA-SHAKA シャカシャカする

In this step, we engage in a purification process called "Shaka-Shaka". To practice "Shaka-Shaka", we hold both palms facing each other, right palm cupped over the left. (See illustration II on p.262)

ここでは、「シャカシャカ」し、闇を浄化します。
「シャカシャカ」は次のように行ないます。
まず、自分の両手の平を丸めて向かい合わせ、
左手の上に右手の平を重ねます。（p.262図解II参照）

Move your hands in an alternating back and forth motion while visualizing 2)a small version of yourself within a miniature sun enclosed by your hands. Remember that this miniature self contains your three-fold essence—your brain(mind), heart and soul.

その両手を左右交互に、前後に動かします。
このとき、あなたの丸めた両手の平の中には小さな太陽があり、
その中に 2）小人のあなたがいることをイメージしてください。
また、この小人は、脳・心・魂を持つあなたです。

HIKIUKE WAY
引き受け人間学

How to Practice Hikiuke Effectively
引き受けを効果的に行なうための重要なポイント

HikiukeWay is a practice and a philosophy you can engage by yourself to turn the darkness back into Light.

「引き受け人間学」は、闇を光に引き戻す、自分でできる実践哲学です。

**Understand and accept that all events are the unfoldment of a promise between you and the Universe.
To heal your body, mind and life, practice the following steps with sincerity.**

すべての出来事は、あなたと天との約束の「運命」と受け止め、引き受けましょう。
そして、あなたの心身や人生が光転するように、次の順序で真摯に実践しましょう。

Step 1. CONNECT 天と繋がる

**Place your left hand face up and your right hand face down.
Feel that you are connected with Universal Consciousness
1)as a representative of your loved ones and your environment.**

あなたの左手の平を上向きに、右手の平を下向きにセットします。
そして、1）あなたはあなたの家族を含む愛する人々・物ごとなどの代表として、
天と繋がっていると想ってください。

Step 2. ACCEPT 闇を引き受ける

**Imagine that you are accepting the darkness
(negative thoughts, emotions and situations)
by pulling your left hand toward your body.
(You will receive as much Light
from Universal Consciousness as the darkness you accept.)**

あなたの左手を身体のほうへ引きながら、

藤谷泰允 ふじたに・やすみつ

引き受け人間学の創始者。長崎県生まれ。
30歳のときに農業団体を退職し、農事会社を設立。6年後、事業に失敗し倒産する。その後、天からのメッセージを受け、1988(昭和63)年3月21日に「フジタニヘルス」を開業して、本格的に引き受け氣功の研究を始める。その後、「ワンダーライフ研究会」に名義変更し、平成17年から全国各地で「一家にひとり氣功師」運動を展開。
2010(平成22)年9月、本部を佐賀県武雄市に移転し、一般社団法人「ワンダーライフ」を設立。「引き受け人間学」を伝えている。

一般社団法人 ワンダーライフ
〒843-0023 佐賀県武雄市武雄町昭和19-1
TEL 0954-28-9324
http://wonder-life.jp

ピンチをチャンスに変える**運命法則**

2017年11月15日　第一版　第一刷

著　者　藤谷 泰允
発行人　西 宏祐
発行所　株式会社ビオ・マガジン
〒141-0031　東京都品川区西五反田8-11-21
五反田TRビル1F
TEL:03-5436-9204　FAX:03-5436-9209
http://biomagazine.co.jp/

印刷・製本　株式会社シナノパブリッシングプレス

万一、落丁または乱丁の場合はお取り替えいたします。

ISBN978-4-86588-024-3 C0011

藤谷泰允さんの最新情報

書籍案内、「アネモネ」掲載情報、
講演会、イベント、関係グッズ紹介など

アネモネHPの

特設WEBページにて
読者特典映像を公開!!

目覚めの誓い
光ことば
瞬間意識クリーニング
なるほどキャッチボール
しこたま意識クリーニング
etc...

http://biomagazine.co.jp/fujitani/

anemone WEBコンテンツ
続々更新中!!

http:/biomagazine.co.jp/info/

アネモネ通販

アネモネならではのアイテムが満載。

アネモネ通販メールマガジン

通販情報をいち早くお届け。メール会員限定の特典も。

アネモネイベント

アネモネ主催の個人セッションや
ワークショップ、講演会の最新情報を掲載。

アネモネイベントメールマガジン

イベント情報をいち早くお届け。メール会員限定の特典も。

アネモネTV

誌面に登場したティーチャーたちの
インタビューを、動画(YouTube)で配信中。

アネモネフェイスブック

アネモネの最新情報をお届け。